U0527602

视野丛书

壹卷
YE BOOK

让思想流动起来

葛兆光

到后台看历史卸妆

四川人民出版社

写在前面的话

在香港遇见北岛和甘琦，他们邀请我收集一些文字，先给《今天》编一个"专辑"，然后再编成一册，收入"视野丛书"。还记得那是二〇一八年四月中的一天，我正在香港中文大学担任"饶宗颐访问学人讲座"。那天晚上，北岛还亲自到下榻的凯悦酒店来，带了前几册收入专辑和丛书的样品，让我照猫画虎。

说实话，作为诗人的北岛出面来编专辑和丛书，给我的第一感觉，就是取向应当偏"文学"而且"当代"。这让我有点儿犯嘀咕，因为我不知道我的那些文字，色彩是否太"古代"，风格是否太"学究"，是不是会在当代感强烈而且文学味十足的《今天》杂志里，不合时宜地横插进古代和历史，仿佛在现代城市摩天楼五光十色的玻璃幕墙中，愣插一个传统风味的稻田加上农家院，显得不那么协调。到了这一年的十一月，我在香港大学参加一个论坛，又遇见甘琦，她特别解释说，北岛之所以要在《今天》里编这些专辑，他约定的出版社之所以要出版这套丛书，就是要展示当代中国，还有各种不同的思想与学术。所以，他才特意邀请我这个基本算学院学者的人来加盟，这时我心里才有了那么一点儿踏实。

文学谁不喜欢？可并不是谁都会做文学的。我早年也有过文学梦，也写过文学作品，还撰写过《唐诗选注》《汉字的魔方》《古诗文要籍叙录》三本和文学相关的著作，但毕竟我自己始终是自觉地双脚站在文学之外，自己也总把自己定义

i

为"学院中的历史学者"。大半生所写,八成以上都是历史学术论著。但北岛又有言在先,说专辑里面尽量不要收学术论文,最好都是随笔杂文。这就苦了我了,搜尽囊中存货,也还是不那么文学的一些历史随笔、一些读书笔记,加上一些时论短评。一个历史学者,习惯了总是回头看过去,写的也多是古代故事。所以,下面选入的这些文章,如果读者觉得乏味,我这里要事先抱歉。

这里的第一辑"所传何统",多是讲古代中国文化传统在当代的被宠信和被误会,因为近年来某些所谓"传统"走红得让人诧异;第二辑"藉史入思",则是我在历史研究中的一些思考,历史学者也会思考,不过历史学者的思考,总是不习惯乘着概念的纸飞机悬在半空乱飞,总要有证据有文献才算安心;第三辑"引颈偶眺",说的是一些有关边缘历史的观感,既从周边看中国,也从中心看边缘;第四辑"普镇琐记",则记录了2011年到2013年,我在美国普林斯顿大学客座的随感,这是我一生中最感轻松和惬意的时光;第五辑"奈当下何",则是我对今天中国思想、学术和人文教育的一些感慨,知道"说了也白说",但习惯了"不说白不说"。最后的"附录"中,遵照北岛要在文字中"呈现自己"的意思,所以收了四篇和我本人相关的文字。其中,一篇是我写自己家世的《福州黄巷葛家》，对陈年旧事的琐忆，算是让读者知道这个作者的来历；一篇是最近在北大"学缘·传承"活动中的讲辞，说的是1980年代的北大风气和社会环境，对我这一代学者的影响。还有一篇，则是韩国学者对我的采访，这篇访谈从来没有在中国发表过，由于非常全面地介绍了我自己的研究领域，也收在这里，希望读者对我的学术与思想有所了解。

  这里要谢谢北岛。说实在话，北岛和我并不算熟，但有一个重要缘分，就是他和我已故的弟弟葛小佳，曾在美国加州大学戴维斯分校是同事，关系不错。2009年夏天，我弟弟在明尼苏达患病去世，北岛写了一篇很感人的悼念文章，我很感谢他的这番情谊。更何况他编的这份杂志在这四十年里，辗转北京、斯德哥尔摩和香港，延续了中国知识分子有关政治、社会和文化的一份理想。所以，当北岛邀请我在《今天》上编一期专辑，我当然觉得非常荣幸，又岂能不欣然从命。

  于是，就汇集了以下这些文字。

二〇一八年十二月三十日
二〇一九年十二月十八日再修订

题解或者说明

现在是2020年的2月，我在日本东京。编辑来信说，这个随笔集需要一个书名。

用什么做书名好呢？还真没想好。原本这是给北岛主编的《今天》杂志专门编的一个专辑，专辑可以杂拌儿，也不需要有题目。现在要让我取名，让我很为难。近来心头时时笼罩的，是国内疫情，不仅让人心忧，让人哀伤，还总让人看不透云遮雾掩的真相。说到"真相"，不由得就想到，历史学者肩上的责任，仍然是在寻找"真相、真相、真相"。一百多年前，现代历史学大会上充满自信的这个历史学宣言，尽管在如今后现代潮流质疑下，寻找真相这一意义受到了冲击，可我还是觉得它仍然需要坚持。毕竟中国还是在现代的延长线上，并没有一跃而进入后现代。

现实的真相总是被政治遮掩，历史的真相也常常被需要所伪装。胡适所谓"历史是一个随人打扮的小姑娘"，说的并没有大错。因为历史本身就是两面，一方面它告诉我们过去发生的真实故事，揭示曾经有过的爱与恨、剑与火、血与泪，提醒后人谨记教训；但另一方面也常常会粉墨登场，演经过权力粉饰过的肥皂剧，赚取观众的眼泪、同情和服从。所以，有良心的历史学者不仅应当讲述真实的故事，而且有必要到后台，去探看卸了妆的历史。也许，那时看到的历史才是没有乔装打扮，没有矫情说教，没有编造剧情的"真相"。所以我总觉得，历史学家的责任之一，就在于到后台看历史卸妆，或者去帮历史卸妆。这份工作，学术一点儿说，叫作史料批评或者文献考证，而文学一点儿说呢？就可以叫拆穿伪装或看透纸背。

于是，我把这部随笔集起名为《到后台看历史卸妆》。它并不切题，也不能概括内容，不过这并不重要，因为盘旋在我心头的，一直是真相，至今历史学家需要做的，也是寻找真相。

2020 年 2 月于日本东京大学

目录

写在前面的话　*i*
题解或者说明　*iv*

[辑一]
所传何统？

祭罢炎黄祭女娲？　*7*
"戴盆安能见天？"
　　——感叹孔子的当代好运　*17*
"乱花渐欲迷人眼"
　　——从所谓"《道德经》论坛"说到中国的文化潮流　*21*
从背后看历史　*25*
是儒是释抑是道？
　　——从古人说梦谈及思想分野　*29*
吃茶与饮酒　*34*

[辑二]
藉史而思

想象的朝贡　*43*
天启五年：天朝使节在朝鲜　*47*
以"国家"的名义　*54*
在古地图边儿上，你读到了什么？　*58*
全球化？明清不就全球化了吗？　*63*
哪来这么多新知旧识？　*67*

化身万千：哪一个是皇上想过的生活？
　　——读《清代宫廷绘画》随感五　70

"漫长的十八世纪"与"盛世背后的危机"　75

[辑三]
引颈偶眺

异域的眼睛　87

渐行渐远：东方与东方的陌生
　　——清代中叶朝鲜、日本与中国的对视　91

深入中国边陲
　　——读《苦行孤旅》有感　104

当"暹罗"改名"泰国"
　　——从一九三九年的往事说到历史学与民族主义　116

[辑四]
普镇琐记

每逢花时
　　——二〇一〇年普林斯顿纪行　129

日日是好日
　　——二〇一一年重访普林斯顿　137

那风和日丽的季节
　　——二〇一二年三访普林斯顿　145

那漫天飞雪的秋冬
　　——普林斯顿纪行之四　155

看看约翰·纳什的眼睛　166

普林斯顿的几个历史学家
　　——读陈建守编《时代的先行者——改变历史观念的十种视野》　170

[辑五]
奈当下何

人文学科拿什么来自我拯救？　177

谛听余音
　　——关于学术史、民国学术以及"国学"　183

什么文化？如何中国？　193

[附录]

福州黄巷葛家　205

北大·一九八〇年代，与我们这代学人　215

书林穿行断简　221

我·思想史·以及中国
　　——韩国闵丙禧教授与葛兆光教授的访谈　226

到后台看历史卸妆

[辑一]

所传何统?

好些年来,我一直在批评中国现在的所谓"传统回归"和"复兴国学"。我当然知道"让传统归零"是不可能的,但是,现在这种所谓传统文化,伴随着"崛起"而来的"复兴",却荒谬得让人不解。

下面这几篇随笔,就是在陈述我的疑惑,所以这一辑叫"所传何统"。

祭罢炎黄祭女娲？

一

转眼又近清明。

也许是"每逢佳节倍思亲"罢，清明历来是怀想亲人的时候，除了郊外踏青看绿草初生，最重要的事儿就是扫墓祭奠，面对已逝的先人聊慰思古之幽情。据说，各地都在筹备祭祀活动，弄得古人在天之灵分身乏术，忙着赶场子接受香火朝拜。一天，在研究室默坐，冷不丁地电话铃声大作，让我着实吃惊。原来，有人从河南打来电话，说要隆重祭祀属于他们县的葛天氏，希望我也参与一份。

葛天氏算不上显赫人物，只在《吕氏春秋》中，有"昔葛天氏之乐，三人操牛尾，投足以歌八阕"这么一笔，《史记》里面只是闪闪烁烁地说"奏陶唐氏之舞，听葛天氏之歌"，身世既说不清，经历也道不明，充其量，算是古代传说中的一个乐师。我虽姓葛，却从来没把他当自己祖先的祖先的祖先，总觉得与其找玄之又玄的传说人物放在祖宗名录上挂帅领衔，不如高攀两晋之交史传有据的葛洪，虽然他几近道士，但有名有姓也还够得着。听罢电话，心里有些诧异，现在这种你也祭我也祭，古人身价看涨，人人都有三牲供奉的当下风景，实在让人纳了闷儿。

翻检行事历，看了看报纸，发现近年国内各种祭祀，最隆重最大宗的除了曲阜祭孔，就是祭祀炎、黄，烟火缭绕供奉在上的，为何是儒家先师和人文始祖？

细细想想，渐渐从中悟出些道理来。

二

前些年，台湾的沈松侨教授写文章，他说到一个很有趣的历史现象，就是晚清以来黄帝的重新发现，其实是在需要重建"中国"的时候，汉族中国人从古代典籍中寻找出来的一个扑朔迷离的传说人物。当时，知识界之所以要把他奉为中华共同"始祖"，很大程度上，是用它当民族和国家认同的象征。所以，在辛亥革命前十余年间的报章杂志中，处处可见关于黄帝的各类论述，几乎形成"黄帝热"。甚至还有人把黄帝事迹谱作乐歌，用在教材中供儿童讽诵，还有人呼吁用"黄帝纪年"，全不管这个连今天的"夏商周断代工程"都无法追溯的黄帝元年，究竟算得清楚，还是算不清楚。但是，人们打心底里明白，就连司马迁都说不清道不明的黄帝，毕竟还是扑朔迷离的人物，大多数历史学家仍然相信，这些"不雅驯"的黄帝记载，只是依稀的"传说"而不是确凿的"历史"。

不过，历史转型时代中的历史学处境很尴尬，通常，历史学家们希望在公众心目中，承认"历史"是"科学"，不太愿意坦承"历史"有时也是"虚构"。其实这本来不必隐晦，自古以来，历史学家常常做的事情之一，就是追溯光荣历史，构造伟大系谱，形成凝聚力和动员力，确立政治合法性和权力的神圣性。和司马迁差不多同时代的《淮南子》里就说，为什么要制造黄帝？就是因为"世俗之人多尊古而贱今"，所以"为道者必托之于神农、黄帝而后能入说"。这是一个习惯和传统，远的不必说，像"天生玄鸟，降而生商""履大人迹"，就是在历史头上戴一顶神话帽子，就说二十四史里面，那个原本"好酒及色"的泗水亭长刘邦当了皇帝，史家也要帮他虚构受孕时"母媪尝息大泽之陂，梦与神遇，是时雷电晦冥"的故事，外加上后来在丰西泽中斩蛇的神话。甚至连原非华夏的契丹人，当他们建立王朝时，也要编造一个耶律阿保机母亲梦见"日堕怀中"，他出生时满室有"神光异香"的故事。这很难免，不止是中国，世界诸国亦如是，按照一种历史学理论说，在民主的现代观念没有普及，天授王权思想还有效的时代，每当王朝更替，都得编一段神话，说得现代一点儿叫作"建立王朝合法性"，说得传统一些就是"神道设教"，借了神话吓唬民众说，这个王朝是你们的"天"，这个皇帝是你们的"神"。

炎帝和黄帝便是让汉族中国人遥想远古，认定四海中国本来一家的象征。在民族和国家都风雨飘摇的晚清民初，寻找认同符号（Image of identity）是个很重要的事情。沈松乔教授举出好些例子，像一九〇三年，章太炎作《祭沈禹希（藎）文》，特意用"黄帝四千三百九十四年秋七月"的纪年；一九〇八年，同盟会就在东京遥祭黄陵；一九三五年，中国国民党推派中央执监委张继、邵元冲"致祭于中华民族始祖黄帝轩辕氏之灵"。特别有趣的是，一九三七年中共陕西苏维埃政府也派遣林祖涵代表苏区人民致祭黄陵，还宣读了毛泽东、朱德所撰的祭文。在文学领域，最有名的是鲁迅一九〇三年写的那首诗："灵台无计逃神矢，风雨如磐暗故园。寄意寒星荃不察，我以我血荐轩辕。"这轩辕就是那黄帝了。

没想到九十多年以后，某主管科技的高官居然把这首充满想象的诗当确凿无疑的历史证据，申斥那些疑古的历史学家道：谁说中国没有黄帝？为什么不能用黄帝纪年？当然，可以理解的是，这是在"中华民族到了最危急的时候"或者"中华民族到了最富裕的时候"，需要一个"神圣"的"念想儿"，作为动员力的来源，作为民族认同的符号，也作为宣示国威的象征。

三

不过，凡是说近代中国的那些事儿，常常不免要扯上东邻西舍。说起来，不止中国人爱追溯光荣历史，这又不是什么独门暗器不传之秘，你会他也照样会。在对历史的"发明"中，有关民族和国家起源的神话，总是最为紧要，也是最容易想起的一环。中国人爱说五千年文明史，埃及人爱说六千年文明史，隔壁的朝鲜人呢？也一样会追溯光荣历史。或许，是因为曾经为殖民地，又夹在日、中两强之间的缘故罢，这种历史癖好，朝鲜似乎比中国还强。

朝鲜人高攀的是檀君。这里要多说两句历史。原本，朝鲜人曾相信自己是"箕子之国"，问题是所谓"箕子之国"的说法，并不出于朝鲜，而来自中国。东汉班固《汉书·地理志》说，"殷道衰，箕子去之朝鲜，教其民以礼义，田蚕织作"，东汉时代中国人想象箕子把文明带到了朝鲜，早期朝鲜人也在很长时间里承认自己接受了来自箕子的文明。朝鲜古史书里像金富轼的《三国史记》就毫不忌讳地提及这码事儿，直到李朝朝鲜建立后，他们还说古代"箕子受周武之命，封朝鲜侯"，因此朝鲜国王受明朝太祖之封也并不是什么耻辱。连稍后的朝鲜世宗国王也说："吾东方文物礼乐侔拟中国，迨今二千余祀，惟箕子之教是赖。"

不过，箕子只是殷周之际的人物，供奉外国人做祖宗，就有点儿像老话说的"反认他乡是故乡"，除了说"此间乐不思蜀"的刘禅阿斗之外，换了谁心理上也不舒服。要让一个民族"心往一处想，劲儿往一处使"，就不能不"再造历史"或"重认祖宗"。因此在十七世纪中叶以后，随着李朝朝鲜对清朝中国越看越不顺眼，他们便打算自树一帜，要重新找到"檀君"认祖归宗了。近来，看到孙卫国君的论文《传说、历史与认同》，里面就对檀君朝鲜与箕子朝鲜的历史做了清理，他的论文让我们看到，在强调朝鲜民族独立和自我文明中心的时候，檀君的想象开始被放大，而箕子的历史渐渐被遗弃。

什么是檀君朝鲜？韩国人说檀君朝鲜，就好像中国说黄帝中国。原来，传说中的檀君是天帝桓因后裔，天帝之子桓雄率三千人，降临太白山顶檀树下，而桓雄与熊女之子，就叫檀君王俭，檀君建都平壤，于是就有了朝鲜。檀君在位一千五百年，后为阿斯达山山神，活了一千九百零八岁。追溯上去，朝鲜建国应当在中国唐尧时代，远在箕子之前。这个故事最早始于高丽时期的《三国遗事》，但来历不明，就像"不雅驯"的黄帝传说一样，最初朝鲜官方也不认可。朝鲜世宗在一四二七年就冷冷地说过,"檀君统有三国,予所未闻",而很多相信证据的朝鲜史家也表示质疑。不过,由于这种传说比箕子的故事更支持民族自尊,所以,也有很多人私下里愿意相信传说。特别是,当他们看到大明被大清取代,华夏衣冠换成了辫发旗装之后,他们渐渐希望从中国笼罩下挣脱出来,也就越来越趋向重新书写"去中国化"的历史,把这种光荣的系谱追溯到桓因、桓雄、檀君。很妙的是,这种取向在近代,由于一方面得到历史学家对箕子传说进行科学批判的支持,一方面得到民族主义者摆脱中国笼罩重建朝鲜历史的意图的支持,再加上后来日本殖民主义者试图从中国阴影下重塑朝鲜的意图,在近代朝鲜,杂揉了民族情绪和追根风气的檀君传说居然渐渐蔓延开来,反倒成了历史溯源的主流。

历史真是充满吊诡。如果说,在科学史观下,中国学者对黄帝传说的批判瓦解了中国民族认同的旧神话,而日本和朝鲜学者对箕子传说的批判,却成就了朝鲜民族认同的新神话。朝鲜人推导出檀君诞生在公元前二三三三年十一月三日,并以信奉檀君而创立了新宗教,他们把这一天称为檀君节(后改称御天节,最后定为开天节)。一九二一年十一月三日,汉城即今首尔还举行了开天节的庆贺仪式,以后,每逢这天韩国民众都举行活动来纪念檀君诞生。一九四八年,光复后的韩国第一次国会讨论用檀君纪年,以檀君诞生的公元前二三三三年为檀纪元年(一直到一九六一年十二月,韩国国会才通过法律,改檀君纪元为西历纪元)。

四

这不奇怪,真不奇怪。一九〇三年,中国的刘师培也发表了"黄帝纪年论",他说所有的民族都要追溯起源,而黄帝就是四亿汉族的祖先,是"制造文明之第一人,而开四千年之化者"。因此他提出,应当学日本以神武天皇纪年,以黄帝降生之年为纪年开端。这个说法得到很多人的响应,据沈松乔研究,当时章太炎、黄节、陶成章诸人,以及倾向革命的杂志如《江苏》《黄帝魂》《二十世纪之支那》《洞庭波》《汉帜》

等，在当时都开始以黄帝为纪年之标准，黄帝纪年蔚为时尚，至今还有人觉得，这个纪年实在是长了国人志气。

当刘师培想出"黄帝纪年"的时候，启迪他的是日本。日本尽管常常对外来文化是"拿来主义"，但在保护自己文化上，其实很固执，就像丸山真男说的那样，"深深的古层"和"执拗的低音"始终支配着国民意识。比中国和朝鲜更早，日本人在重建现代民族国家中，也在追溯历史上动过很多脑筋。在日本与中国渐渐分离的江户时代，那些要把日本"从中国文化中拯救出来"的国学者，就曾经重新叙述日本早期历史，从贺茂真渊（1697-1769）抨击中国思想凸显日本之道的《国意考》、本居宣长（1730-1801）重写日本神代史的《直毗灵》，到平田胤笃（1776-1843）追溯日本古道学的《古道大意》，都在把传说当作历史，把神灵算作人物，千方百计上推日本"神代史"，像本居宣长就维护《古事记》对于日本起源、天照大神，以及天皇的传说，把这种"日神精神"看成是日本认同的象征，显示出重写历史的强烈愿望。

到了明治时代，为重建统一国家，闲置了近七百年的天皇居然又重新成了凝聚国民的神圣象征。逐渐强盛起来的日本对构造历史系谱格外重视，他们对"徐福东渡"之类故事，似乎和朝鲜人对"箕子传说"一样耿耿于怀。新的民族国家需要新的神圣权威，明治时代的日本，不但要重新确立天皇的象征性权威，而且开始对天皇历史进行神化。他们根据《古事记》《日本书纪》传说，说日本元祖天照大神是"生命与光明的最高大神"，而从天照大神到神武天皇，经历了百万年之久，而神武天皇是在公元前六六〇年即位的，相当于中国周惠王十七年。明治年间制定的《大日本帝国宪法》第一条就是"大日本帝国乃万世一系天皇统治"，这里所谓的"万世一系"，就是根据《古事记》和《日本书纪》重构的日本历史，这个历史可就长着呢。

如果这样一算，日本的文明史就比徐福早多了，也比来自大陆的归化人早多了。徐福是什么人？是秦时的中国人，还是中国的史书《史记》记载的，他是秦始皇派出去到海上寻找三神山上的长生不死之药的，据说，他率领了童男童女数千人到了一个海上的"平原广泽"（即日本九州），就在那里称王定居不再回来了，那一年大约是公元前二一〇年。一千多年后的唐代，有人写了一首诗送给日本和尚空海，说"禅居一海隔，乡路祖洲东，到国宣周礼，朝天得僧风，山冥鱼梵晚，日正辱楼空，人至非徐福，何由寄信通"。看来，当时空海也承认这个徐福到日本传播了周代中国的文明。可是，明治时代的日本人，还能承认自己就是徐福后人，而日本文化是"周礼"之遗韵吗？独立和强盛的日本不能认同这种说法。所以，他们接着国学者的说法，宣称"做人要有做人之道，做人之道首先要知道祖先，也要知道国家根本，要知道国家的根本，就要知道天地开辟，而天地开辟的历史就在我国神典《古事记》和《日本书纪》之中"。

这就是"世间万物皆变，惟吾皇统永恒"。

五

历史年复一年重演旧剧目，观众换了一轮又一轮。马克思当年在《路易波拿巴的雾月十八日》中曾说，一切历史事变与人物都出现两次，第一次是悲剧，第二次是喜剧。"历史常常有惊人相似"这句话很对，历史之所以可以反复上演而不被人们厌倦，因为在不明就里的新观众看来，旧剧目似乎总是新的，不免依然看得兴致勃勃。

其实，当下的炎黄祭祀热，过去不是没有，对于炎黄百般崇敬甚至神化的剧目更是不断重演。这让我想起八十年前的一场风波，一九二九年，商务印书馆出版的胡适校，顾颉刚等编《现代初中本国史教科书》，被政府明令禁止发行，当时国民政府之所以禁止这本书，只是因为关于古史的叙述中，不仅没有三皇五帝，而且认为"尧舜揖让的传说，没甚根据"，一部分是流传的神话，一部分是托古改制的瞎话。作为建设年轻一代国家意识的历史教科书，很多人觉得，必须追溯超越埃及、希腊、罗马的古老历史，以证明民族的独立与悠久，文明的古老和神圣，否则，国人会面对他族望洋兴叹，失去自豪与自信。当时的《醒狮周报》发表了一篇署名"阿斗"，题为《一件比蒋桂战争还要重要的事》的文章，记载一个叫作丛涟珠的山东曹州重华学院学董，她一本正经地上文呈请政府禁止这部教材，而国民党大佬戴季陶更严肃地说，你教科书否认三皇五帝，会"动摇民族的自信力，必于国家不利"，"中国所以能团结为一体，全由于人民共信自己出于一个祖先"。在这份报道上，记者形象地描述了国务会议的情况："戴季陶这一天神色仓皇，一手握着这几本教科书，一手抵在桌上，在会议席上大放厥辞，认定这两部历史是一种惑世诬民的邪说，足以动摇国本"，胡适看了看这份报纸，无奈地笑笑，把它小心地剪下来贴在自己的日记本上。

同样的戏码在中国演，也在日本演，就在中国这件事儿发生的几年之后，在日本有一个叫作津田左右吉的学者，和顾颉刚的古史辩学说一样，坚持用"无徵不信"的学术立场考证历史，写了《日本上代史的研究》《古事记与日本书纪的研究》等著作，指出应神天皇、仁德天皇以后时代的历史，是层层积累"制造"出来的，很多年代并没有根据，所谓"神代史是在国家组织整顿之后，试图在思想上论证国家合法性和合理性，而精心编织起来的神话"。他说，"与其说是历史的纪录，不如说是思想的构成"。然而，他也马上被日本右翼攻击，被安上了"不敬罪"，他的著作同样被禁止发行，而他本人也被迫从早稻田大学辞职。这一年，正好是日本民族主义以及军国主义甚嚣尘上的一九四〇年。在这个时代，日本由于战争，亟须民族凝聚力与动员力，这些说不清道不明的上古神话，正好支持了所谓"国民精神"的异样膨胀，本来取向不一的神道教、儒家、佛教、天主教在这种民族主义大潮中，结成了"精神报国大连同盟"，津田左右吉的历史伪造说，是一种不协调声音，难怪右翼分子对这个本来也相当大日本主义的津田左右吉，也要坚决抨击、抵制和惩罚。

奇怪的是，津田左右吉的一些思路，原本来自他的私塾先生、东京大学教授白鸟库吉。然而明治时的白鸟演的是喜剧，而昭和时的津田演的却是悲剧。在日本明治时代重塑历史的潮流中，白鸟左手写《关于尚书的高等研究》质疑中国传说中的帝王尧舜禹，右手写《檀君考》对朝鲜流传的早期神话加以批判，在他笔下，中国和朝鲜的"五千年文明和历史"都被解构。尽管一方面是由于他的学术训练追求真实的历史学，但另一方面也有明治日本瓦解中国和朝鲜早期传说，凸显日本文化自主渊源的意思。怪不得白鸟成了国师级的人物大红大紫，而津田亦步亦趋把这种历史方法挪用到日本的时候，却得了个"不敬"的罪名，被反复追究责任。

历史真是诡异得很。

六

毫无疑问，每个国家都会为民族自尊和认同构造一个属于自己的历史，"为了证明自己是一个民族一个国家，就必须要有一个悠久的历史"，Michael Sturmer说，"谁提供记忆，塑造概念，诠释过去，谁就赢得未来"。这当然没有问题。可是，关于过去的概念只是来自传说吗？提供过去的记忆只是依赖一些神话吗？历史学仅仅是"赢得未来"的工具吗？历史学家一直宣称历史就像科学，科学的历史学面对过去，应当像聚光灯下操手术刀的医生，面前只是有待挖瘤割疮的身体，却不是一个充满爱恨情仇的熟人。那么，追溯过去的历史学在建构认同和追求真实之间，该何去何从呢？

回到《史记》。尽管秦汉时代黄帝已经逐渐成为认同象征，设了上时下时的祭坛被供奉，但司马迁还是觉得，"百家言黄帝，其文不雅驯，荐绅先生难言之"。最古老的历史档案《尚书》中没有记载黄帝，这让他觉得很为难，只好南下江淮，北上涿鹿，西至空峒，东达海边，听很多老人传诵黄帝故事，但最终仍然觉得人言人殊。作为史官，他既要寻找一个历史的源头，又不好违背历史真实，于是只好苦笑笑说，"择其言尤雅者，故著为本纪"。司马迁的犹豫，让后来的历史学家都很困惑，因为这种传说没根没据，而有限的记载，好像又有些不尽光彩，清人梁玉绳在读了《史记》后说，就算是黄帝实有其人，历史记载中的他忽而拥护君主，忽而犯上作乱，"日寻干戈，习用军旅"，实在不能算是人文楷模，为什么要留下来放在《史记》当历史源头？

我没有去过炎帝陵和黄帝陵，只是在照片上瞻仰过那宏大的仿古建筑群，觉得夸张有些奇怪，我也没有参加过祭祀炎黄的活动，只是觉得呼唤了几十年破除迷信的政府官员面对虚构神祇却叩拜如仪，不免有些异样，学界中人有的像相声捧哏一样，为这种事情考证，也实在煞有介事得滑稽。隆重其祭祀，巍峨其建筑，也许到头来只剩下两个意思，一是期待它成为旅游资源来赚钱，一是花钱赚吆喝，让它当精神动员力的浮夸象征。关于虚耗公费的前者，我们无话可说，关于事关历史的后者我却要问，为什么老是"药方仍贩古时方"？你看东亚三国，在需要民族认同的时候对历史的追溯和神化，就好像是你方唱罢我登场，都希望说自己的历史长，自己的文明好，而且都要想方设法证明它是来历久远的"自主产品"，并不是别人祖先下的"蛋"，可是，这种争先恐后把自己家谱上溯到虚无缥缈处的作法能够证明什么呢，是否反而会引起"历史的竞赛"并引起"无尽的争执"呢？

其实，檀君也好，天照大神也好，炎黄也好，始终是有人在质疑的，不说司马迁那么早的了，二十世纪八十年代庞朴先生就曾经写过文章，半是考证半是调侃地说，黄帝原本大概是黄河皮筏子。可是，严肃的历史证据毕竟架不住重塑历史的潮流滚滚而来，就在写完这篇文章的时候，河南和甘肃正在争先恐后地"隆重祭祀三皇之首伏羲"，看看人头攒动的盛况，不觉暗暗吃惊。一个朋友来信说，连唐代人编出来的《三皇本纪》，有人也提议要重新放回被顾颉刚他们郑重删去的标点本《史记》前面了，那么，下面要追溯和祭祀的是谁呢，是女娲吗？

（写于二〇〇八年）

"戴盆安能见天？"
——感叹孔子的当代好运

一

"夏礼，吾能言之，杞不足征也，殷礼，吾能言之，宋不足征也"，这是孔子的自况。谁都知道孔子渊博，他精通六艺，学过音乐，懂得木石之怪是夔、魍魉，水里的怪是龙、魍象，土里的怪叫贲羊，也懂得会稽的那块大骨头是防风氏遗骸。就连一只大鸟坠落，身上有石矢穿过，他就猜得出是从肃慎飞来的。所以，他才能当老师，老师知道的就是得比别人多。

谁也不否认儒家经典内容丰富，虽然从一开始就丢了一本乐经，《尚书》经秦火又缺了大半，《春秋》原本只是"断烂朝报"。不过，这里有诗歌有礼仪，有审视过去的历史，还有预言未来的占卜，也算得上是包罗万象。难怪宋儒要说"六经为文史渊薮"，清人要说，读六经如吃"现成饭，不必外求，即厌足矣"。

不过，生有涯而知无涯，尽管孔子学富五车，满打满算，肚皮里知识也不足一光碟，尽管儒经无所不包，数数也不满一书架，碰到"天地转，光阴迫"，照样捉襟见肘，到了"三千年未遇之大变局"更是囊中羞涩。只是汉代以后，孔子成为"圣人"，儒家推崇的那几本"古典"成了"经典"，于是，就被看成万古不磨的真理渊薮，一句顶一万句，似乎你越出圣言经训，便不成了方圆。难怪不服气的人编了一个故事发泄不满，说孔子周游列国，看到两个小孩辩论，一个说早上太阳大中午太阳小，所以早上太阳近；另一个说，早上太阳不热，中午太阳很烫，所以中午太阳近。问孔子哪个说法对,孔子无话回答。于是,"两小儿笑曰:'孰谓汝多知乎?'"

这当然是杜撰,但是杜撰的背后,藏着深深的怀疑。

二

在没有外来新知的时代,一个孔子,几部经书,便可以支撑整个思想世界,牢笼全部知识天地。不过,到了佛教从西边来,道教从民间起,儒家就遭遇了麻烦。三国吴主孙皓曾经问外来的和尚康僧会,佛教究竟有些什么新玩意儿?康僧会解释之后,孙皓不以为然地说,这些没有什么新玩意儿,周公、孔子即儒家已经说过了,还学这些佛教知识有什么用呢?但是,康僧会却说了一句让孙皓无法回答的话:儒家知识只是"近迹",而佛教的新知识,却能够"深入幽冥"。

中古时代,佛教在挑战,道教也咄咄逼人。葛洪《抱朴子内篇》中记载,有人问,如果真的有神仙之道,"五经何以不载,周孔何以不言"?如果周、孔都不知,则不能是真理,如果周、孔知道却不学习,那么肯定没有道理。这番话的基本预设是:周、孔的知识世界,是包罗万象的,儒家经典已经穷尽了一切真理和知识。但葛洪却回答说,"五经不载者无限矣,周孔所不言者不少矣"。仅仅相信周、孔和五经的看法,是"戴盆以仰圣,不睹七星之炳粲"。他反问道,你听说过独目三首、马闲狗蹄、穿胸旁口的人吗?你见过不灰之木、不热之火、火浣之布、切玉之刀吗?你知道西羌、鲜卑、林邑、庸蜀的异俗吗?他嘲笑这些浅识之人,总是在五经里寻章摘句,哪里能够看见"玄之又玄,妙之极妙"的新天地。

佛教是外来的宗教,它带来了传统中国闻所未闻,见所未见的异域新知识。道教是中国的宗教,它翻出来的是曾被理性主义儒家边缘化了的本土旧资源。新知加上旧识,在中古时期冲破了传统儒家的边界,由于传统儒家的权威和经典,不能再解释和涵括整个"世界"和所有"现象"，便导致了中古儒家的焦虑和紧张。于是，我们看到中古思想史上"在传统内变"（change within tradition）已经不够，已经出现了"在传统外变"（change without tradition）的征兆。上至皇帝，中到士人，下到百姓，都对固守传统不满，像宗炳《明佛论》就说，"《书》称知远，不出唐虞，《春秋》属辞，尽于王业"，连《周易》也只是局限在一隅，所以说"周孔之述，盖于蛮触之域"。沈约《宋书》则说，佛教进入中国后，"经诰充积，训义深远，别为一家之学"，如果固守儒家，便是"坎井之局，何以识大方之家"。这意思是什么？就是今天我们说的"坐井观天"。所以，那个被称为"菩萨皇帝"的梁武帝就干脆说，儒家那老一套，就是——

"戴盆而望，安能见天？"

三

不过，中古时代终究没有让中国出现"在传统外变"。唐宋元明清，孔子依然是至圣先师在大成殿中，享受了千百年香烛供奉。但凭借坚船利炮，西力东渐造成的近世大变局，却真的搞得孔子和儒经支撑的思想世界，出现千疮百孔。不必等到吴虞老先生"只手打倒孔家店"，也不必等到《新青年》振臂一呼反传统，早在光绪二十八年（1902），美国人谢卫楼（Davelle Z. Sheffield, 1841–1913）就在《万国公报》上说，儒家学说有六大问题，第一是膜拜先祖，缺乏自由观念；第二是用理气性命解释一切，有非知识倾向；第三是试图对天地追究终极道理，但把"天道天理"推至虚幻，而与科学知识对立；第四是尽管历史证明人性恶，但儒家却总说人性善，所以，不能以制度和法律来建立秩序；第五是儒家崇拜圣贤，对于一切学问，都以圣人言论裁度，不能坚持人的理性；第六是儒家对于自然用理气相感来解释，有反科学趋向。他的结论是，如果中国要坚持"中学为体西学为用"，结果就是竹篮打水一场空。谢卫楼批评的依据，当然是近代西方价值。不过，在东方遭遇西方的时代,你已经无法再掩耳盗铃。没有看见过坚船,没有遭遇过利炮,没有见识过民主,也没有深思过平等,孔子和儒家在那个时代一度很落魄。

可历史很吊诡,几经风雨几度春秋,孔子和儒经还是九死一生,离了魂还又返魂。特别是,近来中国的风气渐转,孔子和儒经又红红火火地回到神龛享受供奉。穿汉服、祭孔子早已经是旧闻,遍布世界的孔子学院已不是新闻,当年五四时代"打到孔家店"虽然在学院学术话语中,还羞答答地算合理,但随着国族自尊的需求膨胀,当年的这些批判早已渐渐退潮,甚至被安上了"断裂传统"的罪名。至于"批孔",因为盛于"文革"更是早就声名狼藉,不再被人提起。孔子又成了堂堂中华象征,周游列国不再只是鲁卫陈蔡郑,而是远至法德意美澳,不仅天天站在纽约唐人街口享受香烟,回到中国大陆也倍受崇敬,前些年,电影《孔子》登场,更让孔子热得灼人。

有人说,大国崛起的时代,就是要有"国学",可一国之学怎么就只剩下了孔子之学?还有人说,通识教育要鼓励熟读"经典",但历史上的"经典"能只是儒家的《易》《诗》《书》《礼》《春秋》吗?回看几千年的中国文化史,如果传统被窄化为孔子和儒经的一脉单传,你不觉得这文化和历史,多少有点儿形单影只吗?

"乱花渐欲迷人眼"
——从所谓"《道德经》论坛"说到中国的文化潮流

近来的文化潮流，仿佛初春气象，"乱花渐欲迷人眼"，让人有些迷惑不解。在一直朝着"现代"紧赶慢赶的中国，那些一直被冷落的"经典"和"历史"，似乎入了某些人的法眼，又从记忆里被翻出来，卖出了大价钱。特别是电视传媒兵临城下，借着"经典"和"历史"的大旗所向披靡，推出一个个新的文化偶像。近来，在孔子之外，和孔子一直不太过得去的老子、庄子也顺势红将起来。听说香港和西安有《道德经》论坛之举，我没有看电视直播，只是在报纸上略闻一二，据说，有万人齐诵五千文的盛况，让人不禁想象那早已远逝的圣哲，似乎又发出了嗡嗡的远古回声。

究竟这是怎么了？

一

大学里面不仅有佳人穿汉服巡游校园，还有了杏坛下仿古投壶的庄严游戏。某个留了两撇胡子的"山人"呼吁尊孔读经，还寻章摘句编了书，要让教育部列入中小学教材，传播儒家要义。一批"著名"学者则呼吁，大学应当把早晨朗诵英文的时间，改成吟诵四书五经。平时看惯了领导报告的电视屏幕，居然有人讲历史，有人讲经典，居然还弄出了大批fans，签名售书都手酸得要雇按摩师，这也许会让当年"五四"先驱们跌破眼镜。

消息让人一则以喜，一则以惧。

喜的是人们开始知道，我们仍然生活在历史的延长线上。近百年来，中国人想跻身于"世界民族之林"，总想割断那个拖了"现代"后腿的"传统"尾巴，人太焦急，就好像要拼命甩脱身后那个叫做"历史"的长影，一路狂奔，却仍然被附身随形的影子搞得焦灼不安。那时为了弃旧更新，各种旧的历史经典都被义无反顾地脱掉，而把新的文化潮流当作"跟上时代"的时装，没有自信的时候，人会把时装一件一件穿上，又一件一件地脱下，仿佛哪一件都不称身。所以，总没有消停和从容的时候。现在猛回头，阅读经典，重温历史，这很好。我曾说过，也许多读自己的经典，多看本国的历史，心中有几千年的底气，肚里有若干册的书本，能够让人变得自信，而自信则能使人从容。

忧的是这种对于历史和经典的兴趣，会不会也变成新时装，而这新时装恰恰就是当年的旧货色？那种集体的庄严背诵，会让人想起当年，那种截取经典三两句发挥的做法，那种过于风靡成为流行时尚的现象，会让我们想起那个时代的一概席卷或横扫。特别是，在如今媒体时代，常常会把这种重温古典和回顾历史的事情，变成一个盛大和热闹的集体"秀"。"秀"的结果就好像时装台上的变幻无常，过了季节，这批时装就会被追逐时尚的人忘记，他们会迅速地追捧下一轮新时装，而把旧时装弃之不问。

《道德经》论坛会怎样？希望这不是一次盛大的时装秀。

二

让我们回到老子的《道德经》。

我曾反复读《老子》，试图回到古老时代，去想象和体验他的心情，我隐隐感到他的紧张和不安。正因对现世秩序的崩溃感到沮丧，他才对逝去的朴素时代感到惋惜。我想象在那个剧变的大时代，老子的心，处在深深的忧惧中，他不出牖而窥天下，总是在内心中玄思。仿佛一个躲在山中怀着悲愤冷眼观世间的隐士，偶尔伸头看看窗外，便只有低首长叹，喃喃地说，"天道"静谧，"世道"淆乱，为什么不依照"天道无为"，却任用心智把秩序搞得一团糟？还是回到更古老、朴素的时代去吧！在那个时代里，民众只是生活在"小国寡民"范围内，既不迁徙，也不变动，没有战争，也不用兵戈。人也简单，心也简单，这才是和天道相应的世道。

如果说，孔子把一切希望诉诸价值理性的建设，墨子把一切理想诉诸实用理性的落实，那么，老子对理性和文明建构的"秩序"统统表示怀疑。但这只是老子的一面。今人通过想象和理解，也许看到了他的这一关怀，不过我相信，他也在寻求一种生活秩序，只不过，由于他对历史、社会、理性、文化都深深地失望和恐惧，所以，他更多地关注个体生命，希望人类回归朴素和安宁，与自然保持和谐，维持生存永恒。

可是这真的是他的思想吗？

三

我一直在说，对于今天的人来说，传统也罢，经典也罢，历史也罢，一方面它如影随形地跟着我们，使我们生活在历史的延长线上，一方面它却是一个等待发掘的资源仓库，需要当下语境对历史记忆的召回，并且等待人们重新解释。诠释是一种当下的行为，它使老传统变成新传统，让旧经典成为新经典，也使得旧文本和新意思之间，有了一个若即若离的诠释关系，对《老子》的理解也不例外。

诡异的是，作为现代价值，"理性""进步"在仍然现代的当下中国，居然落到挨批评的地步。原因是什么？原来是以西洋为尺度的全球性"文明"，在晚清以来西潮又东风的鼓荡下，取得了压倒性胜利，这就激起了民族性"文化"的反弹。在经历了一百年来割弃"传统"的潮流之后，现在风水逆转，中国好像要回到拥抱"传统"的潮流中来了。因此，发掘传统、阅读经典、重塑国魂的潮流很盛，眼下大陆的文化风气中出现的种种传统回归和经典宣讲，便是这一潮流的呈现。不过，正如很多诠释学理论所预见的，被诠释的资源也许只是一个，但诠释却是多面向的引申。

经典原来的精神，和解释出来的意思，未必就一定相符。

《老子》也不例外，我不很清楚现在对《老子》的流行解释，但依我看，《老子》的思路中隐含了几种可以"再生"的资源，比如以个人为中心的反社会的倾向，比如以内心体验为中心的反智倾向等。也许，在一个儒家伦理为中心的社会中，它可能引出追寻个人自由或保全个人生命的两种不同结果，在一个过于强调现实理性的社会中，它可能引导思想超越具体的有形世界，直探神秘的终极境界。在这个"理性"和"进步"笼罩一切的现代，它还有可能与"后现代"合作，成为一种批判性的力量。可是，这种"反社会"和"反智"的倾向，在仍然现代的社会中是否也有破坏性的作用呢？

话说远了，回头再想想，这还是《老子》或者《道德经》吗？

从背后看历史

小时候常常看露天电影，没有力气和大人争正面的座位，只好到悬挂的银幕背后，和三两个朋友看背面电影，虽然有些别扭，倒也别有一番趣味。后来读历史古籍，想起鲁迅《狂人日记》的那些话，渐渐也学会从书页背后和字里行间看一些被遮蔽的历史。

于是，不免信手写下若干随感，下面就是近来写的几则。

一、夜聚晓散

不知什么时候起，"日出而作，日入而息"仿佛才是正常的生活时间分配，"昼伏夜出"似乎就有些谋图不轨的意思，在古代中国的观念世界里，在风高月黑之际出来的，非抢即盗，非嫖即娼，更不消说，还有多人半夜聚在一处，这叫"夜聚晓散"。

历史文献中常常看到官方对于"夜聚晓散"的斥责。就说宋代吧，景祐二年（1035），官方颁布了对益、梓、利、夔"夜聚晓散，传习妖法"的禁令，元祐七年（1092），刑部又请禁止各地"夜聚晓散，传习妖法"，到了大观二年（1108），信阳军又上奏请禁"夜聚晓散，传习妖法及集社香会"。被称为"吃菜事魔"的摩尼教，也就是后来金庸小说《倚天屠龙记》里说的"明教"，官方历数它的罪名，就有"夜聚晓散"。元代人撰写的《宋史》中还特意说到，"左道乱法，妖言惑众，先王之所不赦，至宋尤重其禁，凡传习妖教，夜聚晓散，与夫杀人祭祀之类，皆著于法，课察甚严"。到了明清两代，凡是要说哪一种民间非法聚会，也常常给他们安上一个"夜聚晓散"的罪名。传统社会中，生活时间的

25

反常，就是伦理秩序的颠倒，现代都市的"夜生活"和"夜总会"之类，在守旧的人眼中总是有些异样，这也难怪。

夜幕下不仅是黑暗，而且是阴谋、混乱、肮脏和反叛，这一连串的联想是传统生活习惯的产物，也是传统秩序中建构的观念。古代人没有想到，如今的都市夜以继日，也没有想到，如今的一些人已经真的习惯"昼伏夜出"。在这些现代潮人来说，华灯初上正是精神开始焕发的时辰，朝霞满天人们则打着哈欠准备就寝，酒吧歌厅的霓虹灯，已经把夜晚变成了白昼，在时尚中，已经没有昼夜的区分，现代已经快把传统的生活时间连同生活秩序一道颠覆，难怪政府觉得管理起来真费劲。

二、鉏麑心事凭谁知？

夜色如墨，只有内厅小门中一灯如豆，摇曳不定地把一个身影映在窗隔上，影动人不动，细看之下，此人衣冠整齐神色端肃，脸上正气凛然，这是赵盾，他在等待觐见晋灵公。此时，庭中大树背后，却隐着一个黑衣人，蒙面上方露出的坚忍双目中，似乎闪过一丝犹疑。刀出鞘，流光却微微颤动，显出心情不定。看到正襟危坐的赵盾，他心中原来浓浓的杀意开始减退。"这是一个正人君子"，他想。胸中的敬佩和敌意越发交战，可是，来杀赵盾是君主的旨意，"不是他死，就是我亡"，责任和正义也纠缠在一起，"杀忠臣和违君命，都是一样的大罪"。最终他选择了正义，于是以头撞树而自杀。

这是小说？不是，这是记载在《史记·晋世家》中的"历史"，故事最早出于《左传》。《史记》的原文这样说，晋灵公荒淫无道，赵盾屡次劝谏，于是，"灵公患之，使鉏麑刺赵盾。盾闺门开，居处节，鉏麑退，叹曰：'杀忠臣，弃君命，罪一也'，遂触树而死"。

通常人们都以为，写在历史著作中的就是真实的事情。确实，这段记载似乎证实着历史，表现着赵盾的正义和忠诚，反衬着晋灵公的荒淫和暴虐，它为后来赵盾的弟弟袭杀灵公赢得了合法性。虽然董狐忠实地记载着"赵盾弑其君",用真实维护着历史的严肃,但是,事实上真实的历史却抵挡不住充满情感和道德偏向的想象的侵袭。当人们读到鉏麑自杀前的感慨,再看到下面记载示眯明不惜身命为赵盾挡住扑来的恶獒,真实的历史就在想象的历史面前,淡化了它的存在。有人看出破绽,便追问道:既然鉏麑触树而死,那么,他死前的心事,司马迁如何得知?

于是我们恍然大悟,原来,文学想象常常羼入历史,有时候它还充当并型塑着所谓的真实历史。所以,你不必总是把历史学家的记载当金科玉律,他们也有情感好恶,也有固执偏见,更不消说,在那个文史还没有分家的司马迁时代,历史真实和文学想象,常常可以在一部书中和平共处。

三、欢喜佛杂谭

在日本的街头巷尾,常看见小小的石雕地藏菩萨被围上小小的衣服,据说这是因为地藏菩萨保佑儿童,这不由让我想起中国喇嘛庙里的欢喜佛,在很长一段时间里,内地的密宗寺院像北京的雍和宫、承德的外八庙,那里供奉的欢喜佛,原本赤裸的身体,也被裹上了一些布帛,不为什么,只为的是禁绝观赏者想入非非,仿佛电影审查官们用"剪刀"把有碍观瞻的地方咔嚓一下剪去一样,用他们严厉的眼光和崇高的道德,爱护着观众们脆弱的心灵。

不过,这似乎不好怪欢喜佛。汉人的想象中常常已经有预存的历史、传统和道德,一看见这种似乎不雅的形象,就连忙掉头蒙面,尽管也往往从手指间的缝隙中,悄悄看看这让人面红耳赤的塑像。上层士大夫对此更是道德主义的厉害,传说是元代郑思肖写的《心史》卷下,就说幽州建国寺佛母殿塑有"佛与妖女裸合",用了"妖"这一字,就带了不屑和鄙夷;无奈的是,皇帝、贵族却喜欢这种玩意儿,据明人《庚申外史》卷上说,哈嘛向皇上"阴荐西僧行运气之法,号'演揲儿法'",而且把这种男女交合的方法,起了个名字叫做"秘密大喜乐禅定";至于民间,也没有那么严格的道德诉求,所以这种东西也常有,像清代初期董含的《三冈识略》卷四就记载,辽阳古刹"内塑巨人二,长各数丈,一男子向北立,一女南向抱其颈,赤体交接,备极淫亵状,土人呼为公佛母佛,崇奉极重"。

其实,在佛教中这本来并没有诲淫的意思。据唐代善无畏译《大圣欢喜双身大自在天毗那夜迦王归依念诵供养法》(《大正藏》二十一卷,还可以参看《大正藏》十八卷第四六八种《佛说秘密相经》中的"作是观想"一节)说,摩醯首罗大自在天,与乌摩女生有三千子,左边一千五百以毗那迦王为首,专门作恶,右边一千五百以扇那夜迦持善天为首,专门行善,扇那夜迦就是观音的化身,为了调和毗那迦王的恶,于是"同生一类成兄弟夫妇,亦现相抱同体之体",本来是自我牺牲的象征,并不是教人房中取乐的技术。

那些让人面红耳赤、心跳加快的内容,大多只是自己的想象和联想。

是儒是释抑是道？
——从古人说梦谈及思想分野

窗外的雨打在芭蕉叶上淅淅沥沥。孔子倚几而坐，不由得从心底里生出一丝倦意。想到昨天才骂过昼寝的宰予，自己也不便白昼睡觉，便伸了个懒腰叹气说，"真悲伤呀，我老了，好久没有梦见周公了"。

心有千千结，梦有万万种。梦境寄寓希望，也逃避绝望，还常常透露着愿望，有时候，它还仿佛暗示着未来的吉凶。古人相信，梦想与现实有缘，所以不止民间，就连官方也设置了专门破译梦想的官员，"掌其岁时，观天地之会，辨阴阳之气，以日月星辰，占六梦之吉凶"。人有哪六梦呢？《周礼》和《列子》都说，一是正梦，是自然而然的梦，二是噩梦，是因为惊愕而梦，三是思梦，就是有所思念的梦，四是寤梦，将醒来时的梦，五是喜梦，是高兴的梦，六是惧梦，就是恐惧而做梦。

孔子做的当然是思极而梦。他梦寐以求的，就是继承周公伟大的事业，建立新的秩序，"微斯人，吾谁与归？"可是，周公没有来入梦，仿佛暗示着孔子的希望有些接近了绝望。

一

周公不曾入孔子的梦，但后人却因此让周公来管天下的梦境。一百多年前在敦煌发现的几万卷中古写本中，就有一卷叫《周公解梦书》。

孔子梦周公，显示的是伟大的理想主义，但当世俗人让周公解梦，却表现了彻底的现实主义。他们常常把匪夷所思的梦，解释成实实在在的事；把后来实现的结果，附会到事先的梦境；把人们琐碎的期望，寄托在夜间的梦里；而把睡梦中的故事，却落实成具体的生活。《周公解梦书》里说，梦见印钩人得子，梦到侏儒事不成，如果梦到香物，则可以得到女子的欢心，而梦到竹子，就可能成为隐士。人把希望和恐惧都投射在梦里，又把想象和联想，挪移到了解释，下围棋是互相斗智，梦见下棋就一定会引起争斗；围帘和屏风可以遮蔽，万一梦见围帘和屏风就要隐匿。用梳篦梳头，"其发滑泽，心泰喜也，虮虱尽去，百病愈也"，所以，梦见梳篦，大概就可以解忧。

不相信浪漫的梦境，也没有伟大的理想。在解说梦境时，更多的是把它当作生活世界的投影和折射，这投影和折射，又被所谓周公解释成生活中即将实现的细节。当然，也有伟大的梦境，但只是伟人的灵光一现，"汉高祖梦见赤龙，百日得天子，光武梦见乘龙上天，日月使人，五年得天子"，平头百姓不必也不能做这样狂悖的梦。对于普通人来说，无论你梦见什么，最终落实的是日常生活。书里的周公倒很细心，把梦境分成了天文、地理、杂事、哀乐、器服一直到禽兽、龟鳖等若干类，让人们可以按图索骥，让梦境能够对号入座。有的从心理上解除你的忧虑，梦见死人并不是不好而是得财，于是不必紧张与焦虑；有的只是根据联想进行好像合理的解释，梦见夫妻相拜是因为担忧别离，因为担忧才有格外相亲相爱，这是给你一个可以理解的答案，让你信服；当然，也有的是纯粹占卜，像梦见打鼓是有喜，梦见井水旺盛是家有丧事，无论灵验不灵验，反正可以帮你未雨绸缪。

最常见的解梦策略，透露着一个传统社会的现实取向。

二

和儒家不一样的是佛教，《金刚经》里说，一切"如梦、如幻、如泡、如影、如电"，最后是"如如"，连像什么，也只是像什么而已。一切都是虚幻，世界本来就是一个颠倒梦想。可"假作真时真亦假"，人在这个梦想世界中，便有种种焦虑和渴求，要么望梅止渴，要么饮鸩止渴，梦想不是理想，而是妄想，这妄想来自心灵，《僧伽罗刹所集经》说，人心常常远驰，就好像梦想，人心贪恋境界，就好像多动的猕猴，人心有种种贪婪和痴恋，就好像孔雀常顾影自怜。

也许世俗人会怀疑，我们真的是在梦想中吗？如果我们在梦想世界，那么，这个世界为什么这么诱人？沉湎在这个"形在人间，神游上界"的梦想中，有什么不好？为什么要像佛教徒一样，"栖栖独处，傍无笑语，剃发除须，违亲背主"？可是佛教说，你陷入这个梦想，就产生种种幻想，幻想之后会有妄想，妄想不成，便会有种种狂想，最终由希望到失望，由失望到绝望，一生又一生地缠绕在这种虚幻梦想中，沉浸在苦涩的绝望中。佛教的大智慧是什么？就是让你从这个梦想中解脱出来，"梦想消灭，寤寐恒一。觉明虚静，犹如晴空。无复麤重，前尘影事。观诸世间，大地山河，如镜鉴明，来无所黏，过无踪迹"。对于梦想世界没有留恋，这就好像大雁飞过湖泊，并没有想到把影子留在湖泊上，湖面映照出大雁的影子，湖面本身也并非有意要留住大雁，你所贪恋的世上万象，佛教看来不过只是偶然的"镜花水月"。

"影外影为三等幻，梦中梦是两重虚"。前一句说的是世界虚幻，后一句说的是自身沉迷。龙牙和尚说，"在梦那知梦是虚，觉来方觉梦中无"，你是悟还是不悟？

三

和佛教相似又相反的是道家。

当孔子和他的弟子在固执地希望梦见周公时，道家在一旁窃笑。庄子说，当你正在做梦的时候，你不知道这是梦，当你醒来看见面前世界，你焉知这不是梦中的又一个梦？"昔者，庄周梦为蝴蝶，栩栩然蝴蝶也，自喻适志欤！不知周也。俄然觉，则蘧蘧然周也。"他的疑问是："不知周之梦为蝴蝶欤，蝴蝶之梦为周欤？"

世界是梦境？还是梦境是世界？孔子固执地期待梦见周公，只是因为有期待而把梦境当了实境。释迦让人远离颠倒梦想，只是觉得绝望，所以把梦境当作虚幻。庄子觉得，最好的境界是没有梦，最好的方式是你也别管它是梦不是梦。他说，"古之真人，其寝不梦，其觉无忧"，在《大宗师》和《刻意》两篇里面，庄子把这句话说了两次，觉得只有无梦的人，才能够虚无恬淡，与天地相合。

因为梦里不知身是客，才一晌贪欢，因为不知道梦只是一枕黄粱，才不愿意醒来，也因为不知道，究竟这是梦还是非梦，佛教才一味地要人远离颠倒梦想。所以，道家才说"至人无梦"，原来，最高的境界是没有梦。

四

不过毕竟没有谁真的是"至人"。梦想存在的理由，是人生有缺陷，"至人"生活在没有缺陷的世界，所以，他没有梦而我们有梦，有梦是对有缺陷的世界的一种反抗。它反抗的是绝望，而追寻的是希望。I have a dream，马丁·路德·金这样说，小虎队也在舞台上一面跳一面唱，"风雨中，这点路算什么，至少我们还有梦"。我们有梦，就意味着在这个缺憾太多的世界上，我们还有希望。

不曾失去希望，是因为梦想常常是理想。唐代大诗人岑参觉得，故人真是难得见面，便写了《春梦》说，"东方昨夜春风起，故人尚隔湘江水。枕上片时春梦中，行尽江南数千里"，似乎人同此心。稍后中唐的另一个诗人戎昱也说，"归梦不知潮水阔，夜来还到洛阳城"，而武元衡则说，"春风一夜吹乡梦，又逐春风到洛城"，就连那个很骄傲的顾况也说，"故园此去千余里，春梦犹能夜夜归"。如果不是梦想长了翅膀，怎么能飞越千里回到故园？有梦想可以留下希望，而没有梦想可能会带来绝望。那个被安史之乱搅得寝食难安的唐明皇，突然觉得愧对马嵬坡下的杨玉环，听惯了剑阁铃声，回到长安，看到傍晚萤火映孤灯，听到迟迟钟鼓彻夜空，祈求在梦中再见一面，可偏偏"悠悠生死别经年，魂魄不曾来入梦"。这不像《牡丹亭》中杜丽娘的游园惊梦，能见到柳梦梅，却像贾宝玉抱衾独眠，却梦不见林妹妹。

梦不助人，便只好长叹生死契阔，阴阳两分。

五

困难也许只是，如何区分梦想与妄想。

西方思想史家F. L. Baumer在一次公开讲演中，一一列举十九世纪伟人的业绩，最后郑重其事地对听众说，伟人有梦想，却不是妄想。他说，把梦想执着地当理想的，常常是热情似火的人。付出七分努力，再遇到三分机遇，便会梦想成真。但世上也有另一种狂人，他沉湎于妄想，如果不能自拔，或许会成为癫狂，或许会坠入绝望。

"大梦谁先觉，平生我自知。草堂春睡足，窗外日迟迟。"梦想与妄想，希望与绝望，只一线之隔，列位看官，自知的便是梦想，梦想暗示了希望，不自知的落入妄想，妄想的终点只是绝望。

(写于二〇〇五年)

吃茶与饮酒

一

中国民间一直流传着一个故事，叫作《茶酒论》，用了拟人法，把茶和酒都想象成一个会说话的人。茶说，吃茶的好处是能够清醒头脑，疏通气脉，酒说，饮酒的好处是令人消愁解闷，英雄胆壮。茶又说，吃茶是一件文雅的事情，而饮酒就会发病发狂，胡言乱语；而酒反驳说，茶是很便宜的东西，喝茶不能上宴会，多喝只能让人肚子胀。最后，这个时候"水"出来总结说，你们争论什么？如果没有水，茶不成茶，酒不成酒，所以，说到底还是"水"最要紧。

这个故事曾经刊登在《民间故事》一九五六年的某一期上。中国民间有的故事，一代一代相传，可以流传很广，而且常常在古代文献里面，还能找到它的来源，像孟姜女、白蛇传、刘阮天台、梁山伯与祝英台的故事。那么，关于茶和酒的这个故事，是否也有很悠久的历史呢？

喝酒当然是很早就有的习惯，据说，三千多年前的殷商人就很爱喝酒，结果连国家都灭亡了。后来的西周人就接受了教训，专门写了《酒诰》来警告自己，不要滥饮误事。吃茶的习惯看来较晚，但至少周代也有，当然是把"茶"当作药来吃，但饮茶的风气渐渐在唐代也有了，据说，山东泰山的一个佛教和尚降魔藏，为了晚上坐禅不困着，就靠吃茶提神。在公元九世纪的时候，唐代社会已经形成习惯，而且还成了时尚，所以才有了陆羽的《茶经》。

那么，古代有没有关于茶和酒的争论故事呢？一九〇〇年前后，在中国的敦煌，一个姓王的道士偶然间敲了敲一面墙，听到里面发出咚咚的声音，墙的背后原来是一间暗藏的洞窟，打开洞窟的这面墙，于是，轰动世界的敦煌文书就被发现了。从那以后，英国的斯坦因、法国的伯希和，还有俄国、日本的很多探险者就来到敦煌，把很多很多古代的手抄本文献瓜分了，在一共近四万卷的文献中，人们发现其中有六份，写下的就是茶酒争论故事。其中，四份由法国的伯希和拿到巴黎（P2718、3910、2972、2875），两份被斯坦因带回了英国（S406、5774），六份上面写的就是我们民间传说中的《茶酒论》。有趣的是，一份卷子前面写着"乡贡进士王敷撰"，后面写着"开宝三年（九七〇年）壬申岁正月十四日知术院弟子阎海真自手书记"。

可见，这个故事在唐宋之间就已经被创作出来，而且一直流传了一千年。

二

《茶酒论》里，这种两方辩论自夸，公说公有理，婆说婆有理，最后来一个更关键的角色，用釜底抽薪的方法把双方都驳斥一番的文学形式，很早很早就有了。像汉代司马相如的《子虚》《上林》赋里有，后来的小说里也有。不光中国有，印度也有，像《杂譬喻经》卷二十九的"瓮中影"故事就是。不过，我们不去讨论这些，在这里我要说一说另一个问题，就是中国人对于茶和酒的看法，以及在关于茶和酒的看法背后，有什么样的中国思想背景。

传统中国人对于"茶"，尤其是绿茶，常常有一种偏好，也有一种很顽固的观念，就是觉得它是"清"的，所以常常说"一杯清茶"。这一点比东亚其他国家还甚，我一九九三年到韩国，到处喝不着绿茶，端上来的不是人参茶，就是五味子茶，直到通度寺，才喝到一次绿茶，但还只有一杯。按照中国的五味说，酸甜苦辣咸，茶都算不上，为什么中国人还对茶那么喜爱？如果说是"清"，清又是什么感觉？

茶的清，包括色香味，叶子要清绿，要嫩芽，气味要清幽，要纯正，味道要清香，要略有新鲜的草青之气味。但这又不只是眼睛、鼻子、舌头能够感觉到的，还要一种用心才能感到的淡淡的感觉。这种感觉又不只是味道、也不只是气味，而好像是一种品格。中国人尤其是中国传统的文化人觉得，食品、饮料和做人一样，如果一个人做事很急，在生活上很计较，很爱与别人争斗，常常发火，好勇斗狠，就没有品格；如果一种食品味道很浓重，油很多，颜色很深，那么一定不是最好的东西；饮料也是这样，很甜、很浓、很酸的东西，中国文人不爱喝，因为味觉一下子就被这些味道占领了，根本没有时间用心去品尝，就连花茶、红茶，在中国文人那里它也不够品格，因为"花茶"的花，是外在的香味，红茶经过发酵，味道也已经失去了自然。在中国文人的心中，本来的、自然的、淡淡的，常常不能直接品尝而是要用心来体验的，那种含蓄的味道，才是最好的味道，作人、作画、作文、吃茶都是这样。

从思想史上说，这观念当然受了道家、佛教的影响。老子说"道法自然"，就是说一切都应当依照大自然，又说要"见素抱朴"，就是说生活应当朴素单纯。禅宗六祖惠能说，要"虚融淡泊"，就是说心里应当没有各种杂念，人生应当纯粹而且明朗。这种观念不仅影响到做人，而且一直影响到了饮食，所以，中国人尽管生活可能并不富裕，但是，他们心目中的生活的最高境界是清淡和朴素。照中国文人的说法，清淡朴素是一种高雅，拥有这种心境的人是从容的，轻松的，而欲望和贪心太多的人，就不可能清淡朴素，更不可能从容和轻松。周作人说，吃茶要在瓦屋纸窗下，用青色或白色的瓷杯，用清澈的泉水，在非常清闲的心情下，和几个同样有兴趣的朋友，这才能吃茶。

这里的意思是吃茶是一种高雅的文化，这也就是"茶"的象征意味，也是中国传统文化人喜爱"茶"的历史原因和心理根源。

三

但是，中国人本来也爱喝酒。不说殷商，就是汉代以后，也有不少英雄喝酒的精彩故事。比如唐代的李白是"斗酒诗百篇"，读他的《将进酒》，就知道他多么爱酒，"五花马，千金裘，呼儿将出换美酒"。杜甫有一首《饮中八仙歌》，就是写的当时八个好喝酒的文人，就像敦煌《茶酒论》里面说的"古人才子，吟诗尽道，渴来一杯"。中国古代把酒比作"琼浆玉液"，说它像天上的美味，当人到了微微有些醉意的时候，好像飘飘然到了仙境。孔子说，人可以饮酒，只要"不及乱"，也许，他自己也有时会来一杯吧。特别是古代中国人相信，可以佐餐，可以养身，可以使人容光焕发，所以，古代中国人才那么喜欢酒，现代中国才有这么多的好酒。

不过从唐代开始，酒在中国文化人的作品里面有些受批评，中唐有个叫王睿的人写了一篇《三惑论》，收在《全唐文》卷七二五里，说到酒、色、财三种使人堕落的嗜好，后来到宋代，就加上了一个"气"，成了中国四种最不能沾的东西，就是"酒、色、财、气"。这四个里面，第一个不能沾的就是酒。按照古代人的说法，酒是最使人忘记理性的东西，"惑于酒者，败贤能，损道德，废家业，颠狂致疾生"，而且使得饮酒者像疯子一样，很丢面子。所以，后来很多小说里都有关于酒的批评，《警世通言》第十一卷《苏知县罗衫再合》一开头的入话，就说"酒是烧身硝烟，色为割肉钢刀，财多招忌损人苗，气是无烟火药"，它也像《茶酒论》一样，想象有四个女子分别是酒色财气，自己总夸自己很好，又互相批评。其中对"酒"的批评是这样的，"平帝丧身因酒毒，江边李白损其躯。劝君休饮无情水，醉后教人心意迷"。什么意思呢？就是说汉平帝喝了王莽的毒酒死掉，连西汉的天下也丢了；李白据说是酒醉后落入长江而死的，诗人最后不得长寿。它告诉人们酒色财气都是碰不得的。这也许是受到了佛教或道家的影响，佛教里面，酒是不能喝的，因为酒能使人心猿意马，不得心灵安宁，心不能超脱世俗的感情和欲望，就不能达到"空"的境界。道家是主张"无心"的，只有"心斋"即心灵处在一种非常寂静非常平和的状态下，人才能体会到"道"即宇宙的真理。可是，喝酒的人就会进入亢奋，不由自主，甚至出现幻觉，当然就进入不了"道"的境界。当然，儒家也并不特别赞成人饮酒，因为酒有时会使人失去理智，而儒家是讲究彬彬有礼，进退有序的。

四

不过，这也常常带来另一个问题，就是人太清醒了，太淡漠了，就往往没有英雄精神。英雄常常都是在酒后才最勇敢的，武松喝了十八碗酒以后，才在景阳冈打死老虎，酒一醒就出了一身冷汗。所以，中国人常常说"酒壮英雄胆"，临行喝妈一碗酒，雄赳赳地就什么也不怕。可是，在传统中国文化影响下，这种英雄气概，总是被认为是"呈匹夫之勇"，渐渐地在中国文化人正统的观念里，"酒"总是一半好，一半不好，在中国文学作品尤其是小说里，酒就常常不是文人在喝，而是武人在喝，似乎"酒"喝了之后，总是伴随着动武较力，不像喝茶那样，悠闲而文雅，于是，"茶"被文人当作人格的象征，总是被看成清高的、高雅的饮料。

日本的京都天龙寺，是一座有名的佛寺，里面有一个妙智院，前些年居然发现了一卷日本僧人策彦周良（一五〇一－一五七九）从明代中国抄回去的《劝世文茶酒四问》。策彦周良曾经两度作为日本官方的遣明使来到中国，这篇《劝世文茶酒四问》，也就是唐宋时代《茶酒论》的意思。看来，这种有关"茶酒"优劣的论争，至少在十六世纪就已经传入日本，它是否影响了日本和朝鲜？

我不知道，希望有人能告诉我。

（一九九七年

[辑二]

藉史而思

借助历史思考，原本是历史学者的习惯。中国人总爱说"历史的经验值得注意"，很肯定了历史学的意义。可是，最近却听到另一句格言，叫"不学历史的人必定重蹈历史覆辙，学历史的人只能眼睁睁地看着不学历史的人重蹈历史覆辙"。这话真让我们这些历史学者尴尬。

尽管如此，历史学者仍然得借助历史思考。科林伍德说，历史是现在与过去的无尽对话，过去通过现在呈现，现在延续着过去。虽然无奈地知道"说了也白说"，但我们仍然坚持另一句，"不说白不说"。

想象的朝贡

康熙十七年（1678）农历八月初六，皇帝请大小朝臣在神武门看西洋进贡的狮子。中国本来没有狮子，这次有了真的，很多人就想去一饱眼福。有观赏资格的人不多，能进皇宫在神武门看狮子的人，大多是一些位高权重，有头有脸的高级士大夫。这些士大夫蒙此恩宠，当然有些受宠若惊，在惊喜之余，就想起自己的看家本领写诗。一时间里，写了好些诗。今天的各种清人文集里，还有不少那时的诗作，让我们依稀想象到那次盛会：神武门下木囚笼中被困的狮子，神武门前冠盖云集，秋日阳光下，闪动的顶戴花翎，还有嗡嗡的赞美声，尽管可能既文不对题，又言不由衷。

一

这里不想说他们看狮子的盛况。

看狮子不稀奇，很早的时候就有外国人送来过狮子，北宋占城国就送给皇帝两头狮子，还派了两个有经验的人专门来饲养狮子，"二蛮人留养苑中，上（皇帝）虑其怀土"，于是，送了盘缠让他们回国。现在不要说看石头的假狮子，就是真狮子，动物园里就有很多，甚至去非洲野生动物保护区看狮群，也不是不可能。何况，电影院还可以很安全地看仿佛莎士比亚戏剧人物的狮子王。不过，现在回过头来读他们当年看狮子时写的诗，会发现很有意思，这些看狮子的诗，不大写狮子，偶尔有两句，像毛奇龄的"圆目昂鼻有筋力，悬星掣电无雄雌"，也写得不伦不类，大多数人写的，倒是由狮子而联想起来的国际大事，这让人体会到，三百多年前的中国人心里关于世界的感觉。

那个时候，西洋人其实已经逐渐富强，中国正史里很鄙夷的红毛番鬼，已经让中国的自信岌岌可危，自利玛窦、金尼阁以来，人们心目中的"天下"，其实已经从一个中国边上无数小小的四夷，变成了万国并峙。西洋很多好东西，中国还没有，不说别的，就连康熙皇帝也知道西洋的药好，西洋的钟好，也会感慨"法自西洋始，巧心授所知"。不过，尽管这时的"朝贡"快变成了"贸易"，但是，中国上层人士的感觉却还是滞后，依然沉湎在原来想象的文明地图中，在感觉上维持着天朝的脸面。他们想象着"溥天之下，莫非王土。率土之滨，莫非王臣"，靠四夷馆仿佛可通世界，用理藩院照旧笼罩四海。于是，西洋人送来狮子，就恰好给这种维持上国脸面的想法添上了想象的花絮。有的写"皇威远被海西偏，灵产欣观自九天"，有的写"端由文德洽，坐使国威扬"，有的写"圣朝威德弥九垓，海天万里梯航来"，好像在中国文明的感召下，西洋人正在纷纷争先恐后抢着来中国，向皇帝进贡各种珍奇物品。

历史记忆开始复活，在这种想象中，法兰西仿佛汉代的"条支"，英吉利成了古代边陲的"乌弋"，"条支入贡龙沙外，乌弋随朝凤阙前"；大西洋那边的来人，则让他们想起了流沙外人，"神物何时降海涯，远随贡使出流沙"。而中国紫禁城里的康熙皇帝，则在这些历史想象中成了周天子，甚至快赶得上尧舜禹，"王会地图过禹服，帝疆方物及尧年"。越说越高兴，于是颇为不伦的比喻就脱口而出，能够想起来的典故是"获麟"，可不能用孔子的典故，因为孔子获麟并不太吉利。

这时也管不了这许多了。

二

人常常处在现实生活和历史回忆的夹缝中，特别是中国的历史很长，读过些书的人在生活里看到什么，就不由自主地发掘历史记忆，来帮助自己理解和诠释。看到穿裤子打绑腿的西洋兵，就会联想到《山海经》里的异国人物，想象他们没有膝盖；看到世界地图，也会想起古代邹衍谈天的"大九洲"，说这大概是偷了古代中国的发明。历史典故充斥的旧学，常常充当着翻译新知的责任，当古代中国人还不知道国际法、国际公约之类的现代外交原则，想象"国际关系"的时候，他们就常常要联想起《逸周书》中的"王会"，汉唐帝国时代的"朝贡"。写诗也不例外，于是，当西洋人送给中国皇帝一头狮子，他就想象成是蕃邦蛮夷仰慕文明，向中央之国进贡方物。

这种想象没有维持多久，可这种心情却一直延续。

到十九世纪后半期，不要说西洋，就连"虾夷日本"，都敢欺负中国了，这使中国士大夫终于告别了"天朝大国"的想象，却渐渐产生了另一种奇特的心情。一半在不断地自怨自艾，埋怨自己的历史，一半在不断地回忆，在想象中唤回昔日的历史。即使在这些想象仿佛都已经过去的时候，也还在不自觉地流露出来，于是常常用一些义正辞严的声明和色厉内荏的宣言，维持着天朝的旧梦，提醒着自己的尊严，靠这些东西支撑着脸面，延续着想象，也在想象中延续着历史，塑造着现在。

三

偶尔一次，去看台北故宫博物院收藏的清代谢遂《皇清职贡图》，里面的寓意说不上来，却总让人想起唐人仿梁元帝《职贡图》。也许，那个时候真的有过"朝贡"，外邦真的是想方设法来中国学习，可是清朝呢？

那个时候，西洋早就过了文艺复兴时代，已经环行过地球，占领了新大陆，发明了坚船利炮，有了哥白尼的天文学说。再过两百年，西洋人就再次来到了中国京城，不过这次不是来进贡狮子，而是无数仿佛狮子一样的兵士，拿着洋枪杀进来的。到那个时候，轮到中国士大夫发掘另一种历史记忆了。于是，他们想到了唐代安史之乱以后，来自边地的乱军和来自西边的吐蕃、突厥、沙陀军队，他们对长安的轮番洗劫，于是笔下的诗句渐渐由"百官趋前呼万岁，万邦争先贡奇珍"，变成"胡儿胡骑呼胡语，忍将汉妇马后牵"，想象的朝贡渐渐远去。刚巧，在十九世纪二十世纪之交的那一年，敦煌藏经洞被打开，发现了失传已久的长诗《秦妇吟》，诗里面凄凄切切的，是一个弱女子对王朝衰世的诉说。

天启五年：天朝使节在朝鲜

一

天启五年，是后金天命十年（1625），东北方向很吃紧，后金的军队占了辽东好多地方，迁都沈阳，还一度攻破旅顺。可明王朝这边，还一团乱糟糟的。皇帝把杨涟、左光斗、赵南星、顾宪成等一批敢讲真话的官员撤职的撤职，下狱的下狱。八月，又下诏拆毁天下的东林讲学书院，把东林党人的名字发榜告示，让天下知道这都是坏人；这一年，又把本来挺能打仗的熊廷弼"弃市，传首九边"，反而对那个弄权的奸臣魏忠贤，却一而再再而三地褒奖赏赐。昏君还特意赐给他一颗印章，上面刻了什么"顾命元臣"的字样。

这时的大明帝国真是岌岌乎危哉。不过，前方吃紧后方紧吃，大概早就是历史传统。面对内外危机，明朝君臣好像并没有那么焦虑，还在甜滋滋地做着天朝之梦。只是因为后金势大，不免伸出头去，对东北方面略略多一点关注。这一年二月，明熹宗派人往朝鲜册封新国王，让他们顺便去看望驻守皮岛的毛文龙（《明熹宗实录》卷五十六）。去册封的使臣不是文臣，却是两个太监[1]：一个正使，是司礼监管文书内官监太监王敏政，一个副使，是忠勇营副提督御马监太监胡良辅。那几年里，通往朝鲜的陆海两路中，经由东北的陆路已经不通，他们只能走海路，明

---

[1] 以太监为天使，而且太监常常为非作歹，这在明朝已经是惯例。所以，早就引起朝鲜的不满。《世宗实录》卷二十二记载世宗五年（1423）九月："上召政府六曹议曰：吾以至诚待彼，凡所求索，无不曲从，赠予之物，动计千百。今以不义，辱我边将，其贪婪无耻，至于如此。中国不遣朝臣，专任宦寺，何哉？"

熹宗特意让他们在册封朝鲜国王之前，先到鸭绿江口的皮岛，慰问驻守在那里的毛文龙，还带去了慰问的银子和赏赐的礼品。

在朝鲜时代，这些天朝派出的使者，常常被朝鲜人称为"天使"。不过，这两个天使可不是带来福音的善类，他们都是权倾朝野的魏忠贤党羽，在国内胡作非为惯了。这些太监们手持圣旨，口含天宪，不免颐指气使。一旦到了藩属国，更是一个劲儿敲诈勒索，弄得朝鲜上下惊慌失色。所以《朝鲜王朝实录》里说，天使"奉诏东来，而其意专在银、参，先声才到，举国失色"。六月间，天使刚到开城府，就借口有所谓宣读圣旨的"开读礼"，逼着朝鲜给了一万两千两银子，数量这么大，可他们还不满意。己卯这一天，他们到了京城，在正式宣读册封诏书之后，就开始了疯狂的搜刮旅程。

二

那个时代，朝鲜是明朝的朝贡国。历史上朝鲜和中国关系最近，自从一三九二年李成桂建立朝鲜王朝之后，朝鲜历代国王都要得到明朝皇帝的册封，这才算合法。而十六世纪末"壬辰之役"之后，朝鲜君臣更是对万历皇帝出兵抗日，拯救朝鲜的再造之恩感激涕零，所以，对天使的无端要求，他们往往能忍就忍。

不过，这次来的两个天使实在胃口太大。最近，我读朝鲜时代的《承政院日记》和《朝鲜王朝实录》，看到这两个号称天使的太监，可说是罕见腐败。他们一会儿写一张纸条，要朝鲜陪同官员找活鹿，为什么？为的是他听说活鹿的血大补，所以要活鹿放血来喝；一会儿十万火急地要朝鲜搜刮海狗肾（温肭脐）[1]，"求之甚切"，害得朝鲜国王"急下谕于江原、咸镜道，各二十六个"；不过一天之后，又提出需要虎豹皮、

---

[1] 海狗肾，中医所谓"温肭脐"，是雄性海狗（温肭兽）或海豹的生殖器和睾丸，往往在春季海上冰开时，捕捉海豹或海狗，取其生殖器，阴干入药，主治虚损劳伤，阳痿精衰之类。

好人参(《承政院日记》,韩国古典翻译院标点本,2009;237–256页)。当朝鲜方面好容易凑齐二十五个海狗肾后,他们又百般挑剔,说"皆非真也",任凭朝鲜通事百般解释,他们仍然不依不饶,弄得负责此事的官员李垩非常郁闷,不知如何是好(《承政院日记》,270页)。在朝鲜史官的笔下,那个叫作胡良辅的副使,不仅特别贪婪,还特别暴躁,"(胡)之为人,计较毫厘,其心不无所望","请求之物,催督急于烈火,而不准其数,则辄生嗔怒"(《承政院日记》,261–263页)。

副使胡良辅的嘴脸丑陋,正使王敏政的心术更深。朝鲜国王宴请之后,大臣们照样轮流款待,据说每天都要送一堆银子。可有一天,胡良辅突然发作,"怒礼单薄略,踏破宴膳"。一个所谓天朝大国的使者,不仅公然索贿,还掀翻饭桌,说起来实在是没礼貌缺教养。可他毕竟是天朝使臣,朝鲜方面惹不起,所以不仅国王派人来好言劝慰,大臣们也只好另外"优备银、参等物,名曰别礼单",所谓"别礼单"说白了就是贿赂清单。可这个天使仍然不依不饶,得寸进尺,凡有不满,就不理不睬,或者威胁要打道回国。更有戏剧性的是,胡良辅居然当着朝鲜官员的面,说出无赖的话,"俺是内官,当行无知之事,宜以此语回告国王",什么意思呢?就是说,我是太监,本来就没文化,做事情也不讲道理,你就回去这样告诉你们国王,我就是这样无赖的浑人。说到这里,胡良辅回头看了一看正使王敏政,突然也发飙说:"公何无徵督之言乎?"意思是你干嘛好处拿着,却一声不吭?可好一个王敏政,只是不紧不慢地说:"吾本口吃,未及发语。公先言之,吾以是默然。"

无奈之下,朝鲜君臣又送上一万七千两银子的礼单,他们体会到,这个不爱说话的正使,并不比爱说话的副使差,"盖上使无一言及于徵求,而所受赠与副使无异,盖为人多诈"(《朝鲜李朝实录中的中国史料》卷五十二,3238–3239页)。

三

　　拿了钱办事儿，倒也罢了。可是贪官常常是拿了钱，却不办事。在不断地无端索要之后，这两个作为中国使者的太监，在政治上却全然是一团糊涂。

　　使节往来，承担的是商讨合作，交换情报之责。那个时候"北虏"也就是后金崛起，成为朝鲜和大明的最大威胁。朝鲜在东北，大明在西南，在军事上双方正好成为犄角之势，明朝天使和朝鲜君臣当然要讨论到这个话题。六月十一日，朝鲜国王宴请天使的时候，就问"顷年闻孙阁老出关御贼，今则留那地"？他们傲慢夸张地回答说，后金没什么了不起的，"孙阁老方住关上，而所属猛将如马如龙辈，五十余人，军则八十万矣"（《朝鲜李朝实录中的中国史料》卷五十二，3239页）。

　　其实，那时明军的形势大为不妙，关外明军不仅远没有八十万，而且大都羸弱混乱。孙承宗虽然"赐尚方剑，坐蟒，阁臣送之崇文门外"，而且手下有袁崇焕等，可以凭借觉华与宁远两地，互为犄角，坚守关外"锦州、大小凌河、松、杏、右屯诸要害，拓地复二百里"，但毕竟挡不住魏忠贤之流在朝廷内部挑唆捣乱。据《明史》说，原本魏忠贤觉得孙承宗功高势大，还想笼络孙承宗，但孙承宗"不与交一言，忠贤由是大憾"[1]。最后，孙承宗虽然能干，却并不能解救辽东危机。不止是孙阁老，那一天宴会上，朝鲜国王还问到了万历年间曾经帮助朝鲜抵抗日本侵略的大臣杨镐的近况。朝鲜国王对这个本来能打仗的明朝官员很有好感，只是因为他在万历四十七年（1619）的萨尔浒之战中大败，"文武将吏前后死者三百一十余人，军士四万五千八百余人，亡失马驼甲仗无算"，所以被下狱，可下狱并不是投降通敌的缘故。而这两个太监却得意洋洋，胡乱告诉朝鲜国王说，杨镐是因为和后金女真人勾结，正在监

---

[1] 幸好他在天启年间并没有被魏忠贤构陷，还看到了崇祯初年魏忠贤的败亡。但这个颇有才能的大臣，后来因为祖大寿投降清军之事引咎辞职，"家居七年"，在崇祯十年在清兵进攻家乡高阳的时候，"投缳而死"。见《明史》卷二百五十，6474页。

狱里面等着审讯发落呢[1]。

在大明和朝鲜最吃紧的辽东战事上，这两个只知贪污索贿的家伙对军国大事全无知识，只是凭着自己来自皇帝身边，就自信满满，乱夸海口，觉得蕞尔蛮夷没有什么了不得的，传达的全都是误人误国的信息。面对两个浑人，朝鲜国王也有点儿无奈，只不过他知道天朝信任皮岛的毛文龙，为了报答毛文龙对他的支持便迎合天使，随口说毛文龙"自镇敝境以来，辽民归顺者，不知其数，加以号令严明，威风远及，奴贼不敢近塞，故小邦恃而无恐"（《朝鲜李朝实录中的中国史料》3238页）。还表示"小邦力弱，岁不能独挡一隅，而与毛帅协心，以为犄角之势，则敢不尽力"（《承政院日记》）。

其实，那个毛文龙岂是可以依靠的人？无奈国家大事胡乱昏庸，明朝君臣上下大抵如此。皮岛的毛文龙就从这些昏庸的君臣那里，得到诸多好处。朝鲜史料里记载了这样一件事情，说王民政、胡良辅这两个家伙回程路过毛文龙的地盘，毛文龙"盛张军容，皆以锦绣为衣服旌旗，炫耀人目，使诏使巡见"，其实呢？朝鲜人说"其实疲军不炼者也，其败罔天朝类如此"（《朝鲜李朝实录中的中国史料》，3240页）。而毛文龙倚仗大明天朝，对朝鲜居高临下，盘踞在朝鲜海岛上却觉得高朝鲜一等，他们觉得"天朝乃父母之邦，朝鲜为子孙之国"，所以，他们不遵守朝鲜规矩胡作非为，却不许朝鲜官员管束，一旦冲突，就拿出天朝身份说，你这样"是不有天朝，不有老爷也"（《朝鲜李朝实录中的中国史料》，3233页）。

腐败的王朝腐败的官，昏庸的天使蛮横的兵。有这么一堆腐败而昏庸的人，大明王朝真是没有办法回天。仅仅过了两年，后金大军攻破朝鲜，国王李倧逃到江华岛，签订了城下之盟。也是在那一年，明熹宗去世，明朝最后一个皇帝朱由检即位，魏忠贤被捕，随即自杀，王敏政和胡良辅也失势被贬。下一年，改元崇祯，大明王朝也终于走到尽头。

---

[1]《明史》卷二五九《杨镐传》，6688页。

四

回到天启五年的朝鲜。

在京城折腾的天使,把朝鲜搞得天翻地覆。他们十万火急地催要银子,催要虎豹皮,催要海狗肾,催要人参,弄得朝鲜官方百般无奈,就只能向民间搜刮,民间一旦交不出来,就只好抓人,搞得"囚系满狱,怨呼彻天"。就连负责督办礼品的朝鲜大臣全湜也忍不下去,向朝鲜国王李倧痛诉,"天使求请之物,臣竭力求贸,启下单子数外,加给者甚多,而犹不满其欲,恐吓不已。其中,海狗肾、海獭皮则加严督,市人等以为,'一死之外,更无觅得之路'……"。他们觉得,即使"倾国之力,而无以尽充其欲"(《承政院日记》,277页,283页)。

应付再应付,总算熬到了六月戊子,天使终于要走了。走之前,他们居然把宾馆的"铺陈器具"全部打包带走,而且在欢送宴会和仪式上还向朝鲜索要"花马,体大而便于骑者"。这还没有完,在回中国的一路上,凡是碰上没有桥的河流,他们就借口无桥索要贿赂,朝鲜史料记载说,"托以无桥,必折银以捧,名之曰'无桥价'。所经州县,一时荡败"(《朝鲜李朝实录中国史料》,3239页)。

这是一个发生在天启五年东亚朝贡圈中的故事,它让我们重新思考所谓"朝贡体制"。说起来,政治意义上的"朝贡圈"并不等于经济意义上的"贸易圈"。天朝有时候确实"厚往薄来",为了撑住面子乱撒银子,但有时候也会居高临下,不免也向附属国敲诈勒索。特别是前面提到的那种"天朝乃父母之邦,朝鲜为子孙之国"的傲慢和自负,往往使得天朝外派的使臣有了飞扬跋扈,贪污腐败,敲诈勒索的借口。费正清曾经有一个著名的论断,就是说,朝贡体系是中国把处理内部事务的规则和习惯推广到国际事务,尽管现在批评费正清有关朝贡体系论述的人很多,但这话并没有错。朝贡体制是有中心,有等级的,有的中国使臣不光把内部的等级差异投射到外部的世界秩序,也把在国内官场那种上下相欺，层层盘剥的习惯，惯性地推广到国际交往的舞台，使得这种表面看上去以礼仪制度建构起来的朝贡体系，也变得像一个等级制度建造出来的腐败官场，最终各自离心离德，不得不在外力冲击之下轰然倒塌。

【附说】

　　这种太监充当天朝使节，并且敲诈勒索的事情，并不是天启一朝，早已有之，在史册中常见。如：

　　李朝《世宗实录》卷二十八，记载世宗国王七年（1425）五月戊子，明朝使臣金满"请白鹿皮、黑斜皮靴各一，油纸遮日帐各一，天青鞴一副，红狨皮皮替一，鞑靼鞦辔银丝粧一部，海獭皮矢箙一，命皆与之"。又，明朝往往索要土豹、海青（鹰），见《世宗实录》卷四十六，十一年（1429）十二月，朝鲜君臣都觉得，圣旨里索要这些东西，不成体统，连国王都无奈地说："此则智巧，非正大之论也。予事大之心至诚，岂有一毫可为而不为乎？"

（写于二〇一八年）

以"国家"的名义

一

读历史书，书上总是说唐帝国多么大方和自由，中国人的历史记忆总是很留恋那个自己很酷很阔的时代。那个时代的自信和骄傲，使唐人觉得中国就是整个"天下"，多少有些不把四夷放在心上，把自己的家门大敞开着，还说这是"海纳百川"。一千二三百年前，日本使臣和僧侣到中国来，除了好吃好喝好招待之外，临行时总是送一堆书，儒经也有，佛典也有，连那些不那么能登大雅之堂的《游仙窟》甚至《素女经》《玉房秘诀》，也随便他们抄回去。并不觉得这就被偷窥了国家机密，也不觉得这就丢了上国斯文，倒总觉得这是"以夏变夷"。只有一回例外，就是在吐蕃日益强大，弄得唐帝国寝不安席的时候，一个大臣于休烈上过一份奏折，叫《请不赐吐蕃书籍疏》，但是好像也没有下文，该送的照样送，大包小包，看看当年日本人自己编的《将来书目》，就知道这种"文化馈赠"在唐代是多么大方。

大方的背后是富强，自由的基础是自信，到了帝国外面突然出现敌国外患的时候，汉唐以来中国人那种睥睨万国的心理，就开始悄然变化。特别是在"八尺卧榻变成三尺行军床"的宋代，尽管口头不说，心里却总是有个挥之不去的阴影。那个写诗写得很好的张耒就说过，"为今中国之患者，西北二虏也，……君臣不以挂于口而虑于心者，数十年矣"。

数十年的阴影笼罩下，过去的自信和大方，通通变成了谨慎和紧张，只是口头不肯多说，害怕一言成谶。

二

这个时候，有人意识到书籍不能大方地送人了，知识不能随便的外传了。理由呢？据说是为了"国家"的安危和尊严。

最早是至和二年（1055），有名的欧阳修在《论雕印文字札子》中，相当郑重地请求朝廷下令，禁止雕印有关文字，原因是什么呢？因为怕传到北方的辽国。据说，当时汴梁有人刻印了宋人的文字，"多是当今论议时政之言"，里面有很多朝廷的内部消息。欧阳修说"窃恐流布渐广，传入虏中，大于朝廷不便"。另外呢？据说有的文字不那么高雅，说是怕"不足为人师法者，并在编集，有误学徒"，实际上是怕北方的辽人小看了大宋，丢了国家的体面。欧阳修的建议结果如何？我没有考察。表面看来，理由相当正当，事关国家的安全和民族的体面，不能不小心。

几十年以后，元祐四年（1089），也算是欧阳修的学生吧，那个有名的苏辙出使了一趟北方，就在《北使还论北边事札子五道》里说，我们大宋的民间印刷品，"北界无所不有"，其中"臣僚章疏及士子策论，言朝廷得失、军国利害、盖不为少，兼小民愚陋，惟利是图，印行戏亵之语，无所不至，若使尽得流传北界，上则泄漏机密，下则取笑夷狄，皆极不便"。意思和欧阳修差不多，大概是应他的呼吁，第二年也就是元祐五年（1090），礼部就下了禁令，"凡议时政得失、边事军机文字，不得写录传布"，"诸戏亵之文，不得雕印"。

于是，唐代的宏放和自由，在事关安危的背景下换成了小心翼翼，天朝的大方和豪气，在不太自信的心境中变成了惴惴不安。

三

小心翼翼也罢，惴惴不安也罢，当国家毕竟还是同一秩序下的生活空间时，这种小心和不安都很有理。不过，道理一旦越界，事情马上就变味道，知识分子为了国家安危和尊严出的主意，反过来却授政府以柄来钳制言论。

他们也许没有想到，以"国家"的名义可以堂堂皇皇夹带私货，特别是怀有某种不良意图的执政者越俎代庖，把这种正当行为延伸到了文化领域的时候。就在这份元祐五年的礼部令中，借着对敌国的担心，执政者便暗渡陈仓，顺手就控制了本国的知识和思想空间。禁令中说，不仅"本朝《会要》《实录》，不得雕印"，就连"其他书籍欲雕印者，选官评定，有益于学者，方许镂板"，而且"候印讫，送秘书省"，这口气，这腔调，让人想起马克思所说的普鲁士的书报检查官。

事情一旦开了头，就沿着惯性往下走，接下来，皇帝伪装成政府，政府替代了国家，以"国家"的名义钳制新闻出版的官方行为，似乎接连不断。北宋的大观二年（1108），由于各地书商生意红火，有个负责淮南西路教育的官员叫苏械的，就建议把印刷权力收归国子监，不要让民间的书商自己印诸子百家的书，免得"晚进小生，以为时之所尚，争售编诵，以备文场剽窃之用，不复深究义理之归"。到了政和四年（1114），一个叫作黄潜善的人，也乘机大讲时文的坏话，把他们自己用来考试的时文和导致考生死背教条的毛病，都算在了出版商的身上。他说，因为读了书商的东西，他们的学问"读之则似是，究之则不根"。三年以后（1117），又有人就引用控制印刷的禁令，觉得读书人现在讲话写文"不根义理"，就是读了"编题""类要"之类的出版物，所以建议"禁绝书肆私购程文镂板市利"。

四

想想最可悲的是，本来是士人的建议，最后钳制的是士人自己。

以"国家"的名义，政府有了对思想控制的合法权力，于是，关于出版的钳制就越来越严厉。举两个南宋的例子，一个是对于自由思想的控制，庆元二年（1196），国子监建议，读书人要以《语》《孟》为师，不能传习语录，应当禁止这些语录出版，免得让这些"欺世盗名"的理学家思想坏了人心，所以要把《七先生奥论》之类的书统统销毁。一个是对政治新闻的管制，像南宋绍熙四年（1193），朝廷下令销毁各种小报，因为它"始自都下，传之四方"，把各种本来只让官方知道的消息，像章疏、封事、程文，甚至"官员陈乞未曾实行之事，先传于外"，搞得民间的小报比官方的朝报还受欢迎，因此朝廷只好下令销毁，把新闻大权统统收归自己，规定只有官方朝报才可以报道消息。

其实，辽和金从两宋的印刷品中，未必能刺探到多少军情政事，只是在这种小心、不安、紧张和焦虑中，不仅仅文化气象上唐人的大方，生活世界中唐人的自由，渐渐换成了宋人的拘谨和专制，而新闻、出版和言论的自由，在宋代也被政府以"国家"的名义，合法地取消了一大半。

（写于二〇〇三年）

在古地图边儿上，你读到了什么？

一

也许，是因为我写了两篇关于古地图与思想史的文章吧，最近几年，我对于古代地图有了很浓厚的兴趣，因为没有条件，我从来不奢望自己能够收集这些昂贵的地图真本，甚至不奢望收藏这些希罕的地图印本。

但是不承想，我的这点儿业余兴趣，这两三年里竟然得到了接二连三的满足。二〇〇〇年的夏天，我在香港城市大学任教，参加跨文化中心张隆溪教授主持的一个会议，主办者不仅特意印制了一本精致的早期欧洲人画的《亚洲地图集》送给我们，而且周敏民女士还特意展览了香港科技大学图书馆收藏的若干早期欧洲的古世界地图，甚至还允许我为其中一幅最古老的地图拍照。二〇〇二年的夏天，我到日本京都大学参加一个国立大学法人化的座谈会，招待会的中间，京大东洋史研究室的杉山正明教授——我过去并不认识的很出色的中国史专家，笑眯眯地递给我一本精致的画册，一看之下大喜过望，竟然是京都大学新出的一册《近世の京都図と世界図》（京都大学附属图书馆出版，2001），后半部正是著名的宫崎市定先生旧日在欧洲等地收集的各种关于亚洲、中国和日本的古地图。下半年，又承香港商务印书馆编辑帮忙，寄来了台湾翻译出版的菲利普·艾伦（Phillip Allen）的《古地图集精选》（猫头鹰出版，台北，2001），里面更有很多过去不曾见过的珍奇古地图藏品。

这使我心里感到很温暖。

二

带着地图在各地旅行，是常有的事情，最近听人说还可以在地图上卧游，仿佛老子说的"不出户，知天下；不窥牖，见天道"，据说，这比真旅行的人，仿佛更高明。不过，面对这些林林总总的古地图，我想做的，却是在地图上做观念的历史旅行。

我总在想，通过一幅幅不同时代的地图，我们能窥见历史上那些不同的思想吗？我曾经针对不同地图上空间的位置、大小的比例、焦点与边缘的变化等，讨论明清之际来自欧洲的古世界地图，对中国传统的"天下"观念的冲击。那时，我正在写《中国思想史》的第二卷，要谈明代传教士进入中国以后的思想史变化，于是以这个话题为契机切入，从天文和地理的新知，说到这些新知的冲击后果，至今还需要认真思考。因为可能它在某种意义上，已经导致了传统中国知识世界的"天崩地裂"，使中国渐渐从朝贡体制中的"天下之中"，不得不走向了一个"万国并峙"的新时代。今天人们常常说的"全球化"，要扯远一些，其实可以从这里开始算起。

不过，这里并不想再重复讨论地图内容呈现的观念史问题。这些天来，我反复读这些地图，却从地图的边儿上，想到了另外一些话题。在宫崎市定收藏的《亚洲图》的四周，点缀着一些奇异的图像。说起来，在地图周围点缀图像，这很常见，毕竟四周留白不免显得难看。但这些安插在四周的装饰性图像，有意无意之中，可能会和地图中间的内容发生关涉，于是，会透露或暗示一些观念性的东西。像我们古代的长沙子弹库楚帛书的四周，就画上了十二个小神像，我曾经问过北京大学教授李零，这十二个小人儿是什么？他研究过楚帛书，还写过专门著作，但他给我的严格和谨慎的回答，好像是说还不能清楚地断言，这让我好一阵失落。不过，画上十二个小人儿，学者们都猜想大概和十二个月之类的意思有关，因为楚帛书内容讲的就是这十二个月的事儿，图与文之间总有点儿关联。

所以，我老是想，这也许和香港科技大学的那一幅早期古世界地图一样，那幅地图周围，也有十二个鼓着嘴吹风的头像，想来这是象征着十二个月的不同风力，分别使天下气候变迁的吧。欧洲旧的地图，常画上这种形象，暗示着地理空间和天上的气候之间的某种关联。像托勒密《宇宙志》一四八二年版和《地理学》一五一一年版所附的地图一样，在那个吹着气（风？）的头像下面，还画上了云彩，可惜的是，也许是太普通的常识吧，前面提到的艾伦那本精彩的书里没有给我们说明这些头像的具体意思，虽然他特意摘了几个图像放在文字中间。

三

当然，这还不是我要说的正题。

前面说的那些图像上的小人儿或头像，毕竟还是神像。画了神像，表示地球气候十二个月流转，并没有大不敬的意思，反而多少还蕴含了一些敬畏，包含了一些与地理相关的天文想象。但是，在这些地图上更让我觉得应当细看的，倒是地图周围另外一些仿佛《山海经》的异怪形象。像在宫崎市定收藏的《亚洲图》中，左边画了裸形上翘一条巨腿的人，右面则画了脸在腹部而无头的两个怪人和一个长了狗头的人，画在东亚地图周围，这是暗示遥远东亚的异类人种吗？而在香港科技大学图书馆藏的早期世界地图上，更是有画了六臂的、背上长鬃的、有尾巴的、鸟头尖喙的种种怪人，这是西洋人对欧洲之外的异域人的想象吗？

过去我们都知道，在《山海经》以后，中国人曾经是这么想象外面世界的，比如从元代周致中的《异域志》到明代的《三才图会》，就曾经写或画了很多这样的怪物，像"狗国""女人国""无腹国""奇肱国""后眼国""穿胸国""羽民国"这些形象被当作异域人的形象看待，体现了一种把外夷视为"非人"的观念，我曾经写了一篇文章，说到这种想象在很长时间里面，甚至比真实的旅行记录更加普遍地被当作关于异域的知识。所以，古代中国人常常会沉湎于关于"天下"的自满的想象里面，这常常被批评为古代汉族中国人的无端傲慢和固步自封。

不过，从这些欧洲来的古地图看，这种想象是相互的，西洋人对于东方也一样吧，好奇加上歧视，想象加上想象。地理学史告诉我们，中世纪的时候，基督教以自我为中心想象了一个世界，标志就是那时候的"T"形地图。在T形世界的中心，是耶路撒冷，上方是亚洲，左下是欧洲，右下是非洲。在那个时代的想象中，亚洲很神秘，像《东方见闻录》里讲的，那极远极远的东方有巨人、食人族和黑人，而非洲很野蛮，像当时地图上画的，有只眼人、长脚人、无头人、狗头人。可是，经过地理大发现，时光流驶中渐渐地越来越全球化了，西方人咄咄逼人的强势，东方人无可奈何的开放，交通越来越方便了，照理说大家都可以放弃那些怪异和偏执的想象了，但偏见常常比知识更流行更顽固。像欧洲人在一七二二年所画的《亚洲地图》的边上，虽然已经不再是那些非人的异类，但仍然透露着西方中心的傲慢与偏见。例如，有关中国的图景，尽管当时也流行"中国趣味"，地图边儿上仍然有的画了赤裸上身的人在荒嬉游戏，有的画了残酷的行刑图。而在说明文字中，特意写的也是关于中国"缠足"的事情。这不奇怪，刚刚脱离了福柯所说的惩罚式酷刑，进入隐蔽规训方式，自以为已经很文明的西洋人，对于东方残留的刑罚，对于东方的风俗，似乎格外有兴趣，这种兴趣背后是一份对自己文明的自信，一份对异族的好奇加上一份无端的鄙夷。

难怪爱德华·萨义德要写他那本《东方学》，愤愤然地批评西方人在想象中建构了一个"东方"。

四

不知道什么时候起，书店里面关于各种古代地图的书悄悄多起来了。前些年，董启章的一本拿地图来说事儿的书相当精彩，不过，他到底不是真的以地图为中心，看起来地图只是他的"话题的引子"，所以后来他的书列在"联合文学"中，算是文学书。可是，最近好几部真的讲地图的书出来了,像前些年北京文物出版社出版的三大册《中国古代地图集》,像近一两年台湾和香港出版的菲利普·艾伦的《古地图集精选》和海野一隆的《地图的文化史》(香港中华书局,2002),摆在书架上很引人注目。

大家都开始关注地图的内容,那么,有人会去注意地图的边儿吗?

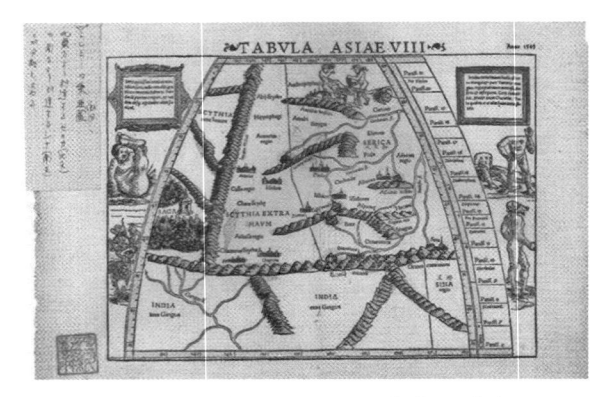

宫崎市定所藏 1540 年 Sebastian Munster 的《亚洲图》之八,
见《近世の京都图と世界图》(京都大学附属图书馆出版,2001)

香港科技大学图书馆藏 1493 年欧洲出版的古世界地图,
图中描绘诺亚的三个儿子分别管理亚洲、非洲和欧洲

全球化？明清不就全球化了吗？

何兆武先生和叶秀山先生从北京来，会同李泽厚、刘再复先生一道，在香港城市大学讨论"全球化与中国文化"。那时我正好在香港，郑培凯教授让我来凑数做个评论，使我这样向来只关心古代中国思想与文化研究的人，不得不来关注一下这个"现代"的大话题。也许，是专业习惯的缘故吧，我总是要把本来是只属于"现代"的事情，和"古代"的历史联系起来。

下面，就是我的一些漫无边际的感想。

一

随着进入世界贸易组织，"入世"这个词好像一下子，就把我们带进了一个新时代，有的词汇仿佛是一个心理的门槛，把这个词喊出来，好像就日月换了新天。"入世"这个词，怎么看都让人觉得，仿佛在这以前，中国还没有取得"球籍"，总像被一道绳圈拦在竞技场外，只能眼睁睁地看别人热闹，却不能亲身参加国际游戏。其实并不是这样的，从明清时代中国人发现，原来以为唯我独尊的"天下"尚有纷纷纭纭的"万国"并峙以来，中国一直在"全球化"的过程中。不算那个昏庸的万历皇帝吧，清朝的康熙皇帝已经学过西洋天学和数学，很早中国人就奉敕用了西洋历法，宫廷里现藏着偌多的西洋奇器不说，美洲的白银流入中国，弄得中国商品流入西方，从东印度公司倒卖到中国的鸦片，引起了那一场后来历史记忆中，抹都抹不掉的政治战和贸易战。

甲午一战以后，中国不再以中学为体，倒常常是以西学为体了，政治也罢，经济也罢，文化也罢，就连日常生活也是如此，有时候，在中国，"西方""现代"和"文明"这三个词，常常可以互换通用。

二

在中国人的历史记忆中有这样一段历史。

自从十九世纪以后，近代西洋文明大量进入中国，使中国经历了一次"三千年未有之大变局"，中国似乎与传统有了"断裂"。一百多年里，很多事情都变了，包括我们的日常生活。说起来，现在的中国和百年以前的中国就是不一样。那个时候，人们读的书不是休闲杂志、电脑书籍、报纸漫画，主要还是儒家的古典，以及由这些古典衍生出来的童蒙课本、考试范文，当然也有一些小说、散文和诗歌，但是那主要是士大夫的业余读物。人获得知识和消息的途径主要不是报纸广播电视，而是一些刻印的书本，道听途说的见闻以及乡亲父老的经验传授。人们的社会生活空间主要是在大家族、家乡中进行的，家乡仿佛是一个圆心或者轴心。人们对于地理远近的观念和今天大不相同，从北京到天津就是出了远门了。对于一般的人来说，不断的婚、丧、嫁、娶，加上一些年节，常常有的驱邪打鬼举动，似乎是最普通的仪式或节日，佛教道教和人们的生活隔得并不远。饮食方面呢？无论粗细，传统的米饭、面饼、杂粮、小菜加上饮茶，都是主要的东西，吃饭是大事，占了生活中的不少时间。

可是，一百多年以后，人们穿的是制服西装，吃的也多了面包牛奶，看的有电视DVD，听的也有了交响乐和摇滚，路上也不再是牛车驴车，天上也多了飞机。就以语言为例吧，今天的中国语言已经羼入了太多的现代的或西方的新词汇，报纸、信件、说话，里面有好多"经济""自由""民主"这些看似相识却意义不同的旧词，也有"意识形态""电脑网络""某某主义""下岗"这些过去从未有过的新词。口语中，也越来越多地有了"一般说来""因为所以""作为我来说"这样的语句,人们习惯了"范畴""概念""逻辑",甚至还有"秀"(show)"酷"(cool)"猫"(modem)这样的进口词。

我总是怀疑,如果一个百年以前的人还能从坟墓中走出来,就像张艺谋拍的电影《秦俑》中的那个武士,也许,那个中国人肯定听不懂现代中国人说的中国话。

三

今天的中国已经拥有了好多现代城市、现代交通、现代通信。过去,我们的生活世界,是四合院、园林、农舍,人们从一个地方到另一个地方,要乘牛车马车,所以从四川快运荔枝到长安,就得跑死马,成为奢侈的话题;苏轼被贬海南,就不像今天的旅游那么轻松愉快;连林冲发配沧州,这一路也好像远得可以,董超、薛霸来得及做好些次手脚,而鲁智深也得天天护送。至于快马驿站传送信件,更比不上"伊妹儿",一指头就把心情传到万里之外。所以,那个时候的中国人关于空间远近、时间快慢的观念,和今天大不同,说实在话,今天的人才真的会觉得"天涯若比邻"。

同样,今天的中国生活已经变得越来越西方化了,肯德基、麦当劳成了年轻人的"favorite",吃饭的观念越来越不同于过去了。就说住吧,现代人与人可能头对脚上下楼住得很近,比旧时代的人与人相邻而居还近,但公寓单元式的住房却使人与人实际隔得很远。过去那种大杂院、村落式的邻里关系,已经在城市里消失了,至于大家族,那是更少见了,七姑娌八连襟,堂兄堂弟姑嫂舅甥的那种矛盾或融洽,都已经像田园诗时代的旧事情,离我们似乎很遥远了。大家族的亲戚关系已经被小家庭的契约关系所替代。

所以,旧时中国建立社会秩序的基础,也就是家族关系、家族礼仪和伦理观念,也已经成了过去的故事。

四

过去的故事成了历史,可是,历史却始终离我们很近很近。我相信,"全球化"早就从明清时代就开始了。

美国学者列文森(Joseph Levenson)在《儒教中国及其命运》中说,中国近代思想的过程,主要就是"从天下(独尊)到万国(并立)"的变化。要说"入世"呢?明清以来这么漫长的时间中,中国一直在"进入万国",而"万国"也一直在进入中国。那么,是否从明代中期以来,就已经应当算是中国的"近代"?因为在我们的词典里,"现代"或者"当代"这个词,始终指的是一个未完成的、延续的过程,而所谓"近代",却是已经可以当作"历史",隔开观察的那一段不太近的"过去"。

这种时代划分很奇怪,我注意到日语里面,"近代"就是"现代",这两个时段并没有那么截然的不同。其实,"全球化"就是一个延续的过程。

(二〇〇二年)

哪来这么多新知旧识？

一

研究室的墙上挂着朱熹的名句，"旧学商量加邃密，新知培养转深沉"，是一位九十岁的老先生题的，诗写得好，字也写得好，朱熹的学问大概是没说的，写出这两句，里面有读书人自己体贴出来的甘苦和经验。

闲来无事，看乾隆爷的集子，挑不出几句值得记下来的警句，却看到也有很多写"新知旧学"的句子。本来，犯不着和两三百年前的皇帝咬文嚼字过不去，只是想在这里看看历史的痕迹，找一些有关思想史的文献资料。不料读得多了，发现这个号称最多产的皇帝诗人，诗才也实在有限，朱熹的这两句意思被他翻来覆去地用，生吞活剥地用，没完没了地用，一首里是"却将旧学商量过，培养新知胜往年"，又一首里还是"伫待春风重坐卧，新知旧学总商量"，再如什么"志期旧学重商量"、什么"旧学商量静里知"、什么"经帷旧学重商量"，随意查看，总有几十处，不由读得有些发腻，忍不住要戳他的老底。

二

据说，多产诗人的诗是不可以集中读的，连陆游的诗歌也常常自我复制，就算齐白石的画，也不可以一室百幅地挂一样。这就仿佛一粒痣是美人痣，把全世界的美人痣集中在一张脸上，就有点不那么雅。写诗太多，可是又一时没有材料的诗人急了，就要偷偷地挪用些急就章、随身宝来敷衍。《红楼梦》第七十八回里宝哥哥都知道这个道理,当贾政斥责他"弄出这些堆砌货来搪塞"时,他还辩解写"也须得弄些词藻点缀点缀"。日理万机的皇帝当然更没有工夫"新诗改罢自长吟",所以不必"语不惊人死不休",于是常常就要拿些词藻来搪塞搪塞。记得初到北京,看到未名湖边石碑上,御笔写的那些诗,那些文,连带那些初看之下还颇觉有功力的字,着实惊讶了一番,及得看多了,才知道这个大概算是天下文学作品最多的皇帝,其实说的就是一些车轱辘话,就像这些诗,本来没有什么切肤的体会,就是因为知道朱夫子有如此两句名言,这两句名言又很深刻,于是便剥了他人的衣衫自己穿,全不顾是否合身,是否多余,当然更不管它是否真的是自己的心情。

三

本来,皇帝有皇帝的事情,处理公文,定夺大事,有多少军国要略,台上握手,台下踢脚,有多少诡计阴谋,古往今来的天子,不要说不会作诗,就是不识字的也不少,会写诗的不见得是好皇帝,会画画的倒是个昏君,宋徽宗书画皆佳,免不了做阶下囚,败亡了北宋大好河山。乾隆爷会写诗,没有叫枪手代作已经不易,其实也没有什么,不过是表示儒雅的一个方式,何必与诗人斗长较短。

虽然不是"青灯黄卷独自眠",但是深宫五更案卷山积,朝拜如仪刻板如故,就连夜夜相伴的后妃,见了皇上也得讲礼仪,和皇帝打情骂俏只是《火烧圆明园》里编剧的想象、导演的噱头加上演员的发挥,不必读《清实录》,读溥仪《我的前半生》就可以知道皇上不好当,没有轻松,何来诗情?更何况皇帝有多少公干,有多少仪式,有多少天下大事,根本就没有时间来"案积陈编闲点检",也没有时间来"行万里路,读万卷书",所以,写诗不过是一种表态或标签,最多是闲时的消遣。

可惜的是,偏偏大凡当了皇帝,总觉得自己无所不能,上知天文、下知地理,政治、经济、文化、社会都得发表意见,贵为天子当然诗歌也要超迈群伦,刘邦会吟"大风起兮云飞扬",赵匡胤也会说"月到中天万国明",都是豪情盖世的句子,所以凡当了皇帝,即使写不出这种一笔横扫半个中国的诗句,也总要在诗里表现表现自己肚皮里典故多,学问大,就总是写"旧学重商量,论孟从头读"这样的句子,然而写多了,就颠来倒去总是那么两三板斧。

四

"时温旧学宁无说,欲去陈言尚未能",说自己没办法欲去陈言,乾隆爷毕竟还有些自知之明。也许他还不屑用枪手,所以知道凭自己肚里的存货,没法子只好总说套话。这让我很同情皇上,他得在所有的时候,都表现自己是"龙种",包括写诗,包括学问。

其实说到底,"新知""旧学"只不过是在诗里说一说的典故,贵为天子,又何必要这么多新知旧学,毕竟,有了权力就有了一切。退一步说,就算他需要,他"日理万机",又哪来这么多新知旧学?

(二〇〇三年)

化身万千：哪一个是皇上想过的生活？
——读《清代宫廷绘画》随感五

一

身份使生活变得单调，很多人常常想超越身份，去尝试另类人的所过日子。不只是平头百姓向往贵族的奢靡，享尽男权社会好处的男性却想当个女子。小说和电影中，常常有这种故事，唐代小说《南柯记》就记录的是常人都有的黄粱梦。其实，不仅是平头百姓，有时候皇帝也想过过百姓的生活，像金庸小说《鹿鼎记》里写的康熙皇帝小时候，想象自己是大侠士，统辖众侠客，和韦小宝打闹，事情当然是虚构，不过心情倒可能是真实。记得民间传说紫禁城里的皇上，总想吃"红嘴绿鹦哥"（菠菜），鲁迅笔下的百姓，想像皇帝天天"元宝捏捏，人参嚼嚼"，大概是同一个道理，都是在彼此想象超越身份，做"出位之思"，混充另类角色体验别家心情。

小说故事当然不足为凭，但历史也有一些蛛丝蚂迹可寻。这两天看《清代宫廷绘画》，就颇有些感想。时下康熙、雍正、乾隆三代皇帝的亡灵，正依傍着电视剧借尸还魂，人们好像一刹那对这些皇帝熟络了不少，其实，皇帝的生活也好，心情也好，未必像电视剧里那样。在故宫所藏宫廷画中，雍正的《行乐图》特别多，他一会儿让别人把自己画成身着补钉的穷人，一会儿让人把自己画成汉族的文人，有时又想象自己是一个老农，跟着大伙儿在田里犁田插秧，一会儿又想象自己是一个有通天彻地本领的活佛，"安禅制毒龙"一样地在禅窟里做玄思异想。贵为皇帝的人，觉得天下万事，自己无所不能，偏偏就差了一点，就是并不自由。行动不自由，一动就山呼海啸地有个排场，实在很扎眼。身分不自由，只能当皇帝，想和别人摆平身份都不行，别人总是把你当了皇上恨不得要下跪三呼万岁。没有办法，只能在想象中超脱自己的身份，在绘画里来个大变身，去体验他人的生活。其中，佚名的《雍正行乐图册》最是奇特，不仅让雍正皇帝屈尊当了竹林下抚琴的阮籍、山中偷桃的东方朔，最有趣的是，还让他变成了一个西洋武士，换了中国衣装，穿上西洋胡服，而且还戴上了假发套，手持三叉戟和一只猛虎在山中打斗。

没有皇帝的御旨，大概画师不敢这么大胆乱画，九五之尊，真命天子，哪里是可以那么随意涂抹打扮的！想来一定是皇帝也想尝尝各种人的生活，揣摩一下他人的各种心情。如果是想体验百姓之苦，当然也就罢了，古代天子春天时以耒耜三推，仿佛也亲尝稼穑之苦，但这都是象征性的，好像演戏，演演也就是了，那是演给天下人看看的。不过，宫廷绘画却是给自己看的，从画上的各种皇上化身来看，皇上只是想化身万千，一人演尽天下的角色，占尽天下的风光，有诗人写诗的才情，有神仙潇洒的生活，有佛徒通天彻地的神通，有西洋人不受皇化的自由。说起来，皇帝的欲望很多，但再多的欲望皇帝也能够满足，偏偏这个欲望却不是那么容易，不得已，还是在画里想象和虚拟，这可能是这些皇帝们让画师这样画像的心底意思。

二

皇帝毕竟是皇帝。出巡时如潮涨，回宫时如潮落，要是远游，那更是惊天动地。康熙三十年（1691）时王翚被召到京师画《康熙南巡图》，你看上去，那就是浩浩荡荡的，每卷十五六米到二十来米长不等，《清代宫廷绘画》中所选的第一卷，就画了从京城永定门出发的马队络绎不绝，送行的官员、盛装的大象和华丽的帷车，数千的人马开道，各色旌旗夹道飘飘，而第九、十、十一卷画杭州、绍兴、江宁到仪征入江，更是仪仗庄严，场面盛大，楼台众多，舟楫穿梭，让人想起隋炀帝下江南的记录，而十二卷画康熙回到紫禁城，则有无数人马仪仗，有持旗的，有持幡的，有持盖的，有持扇的，有持牌的，卫队身负弓箭、身穿盛装，两两相对，从数里外开道，还有用人排成"天子万年"的图像，用图后识语的话说，就是"京师父老歌舞载途，群僚庶司师师济济，欣迎法从，其邦畿之壮丽，宫阙之巍峨，瑞气郁葱，庆云四合，用志圣天子万年有道之象云"。

这时候不需要变身换装了。微服私访，只是天子亲民和体察民情，但到底不很威风，显不出气派，区分不了上下。记得宣统皇帝就是后来叫溥仪的那个人，晚年写书回忆他小时候，因为有小孩儿和他一道玩耍，他很高兴，不过，潜意识里面皇帝的身份仍在，到大家都疯到没上没下的时候，这意识就会浮上心头来，当下突然中断游戏，喝斥他的玩伴。直到这时候大家才醒悟过来，原来这还是皇上！《康熙南巡图》，画得浩浩荡荡，场面壮观，康熙大约还是喜欢的，而乾隆时的《大阅图》，画了蓝、黄、红、白八旗军，摆了阵势，列了兵器，有步兵持矛、炮兵列炮、骑兵戎装，千百军中，簇拥着都统，旌旗飘处，闪出个将军，长长的卷轴，成千上万的兵马，各色的军阵，最终在烘托着皇帝的尊严，而皇帝的位置，则一定在那画卷的焦点处，显示出千军万马环绕着天子。

说起来都知道，古代皇帝出巡的时候，仪仗中有持戟、斧、瓜、宫扇，当然还有前呼后拥的兵将，连现在的总统、首相、主席，在仪式上也有三军仪仗队加上红地毯，这都是一些有象征意味的东西，没有这些象征，人们会忘了他的身份。其实在很早的时代未必有这么复杂的仪仗，越到后来，越是繁琐和豪华，让皇帝心花怒放地知道"天子原来如此"，让百姓惊若天人地知道"云泥悬隔"。

元代睢景臣那首著名的散曲说，那些前后簇拥的旗帜，在民众看来，是"一面旗白胡阑套住个迎霜兔，一面旗红曲连打着个毕月乌。一面旗鸡学舞，一面旗狗生双翅，一面旗蛇缠葫芦"。而光闪闪的仪仗，其实也只是"红漆了叉，银铮了斧，甜瓜苦瓜黄金镀。明晃晃马镫枪尖上挑，白雪雪鹅毛扇上铺"。这话只说对了一半，仪仗说起来虽然都是些象征，但是，如果没有了这些"不曾见的器仗"和"大作怪衣服"，皇帝便不像皇帝，皇帝和平民的差别，就在这些外在的家伙上呢，等到皇上醒过神儿来，他还是觉得这样才有气派，所以，难怪刘邦得到儒生的帮助，实习了一下天子见朝臣的礼仪，就高兴得手舞足蹈，觉得这下子才尝到了皇帝的滋味。

三

"既得陇，复望蜀"，有了玉玺，当了皇帝，便想着"天下太平，四海宾服"。全不顾那些红毛番夷已经拿着枪炮进了中国，清朝的皇帝还在沿袭着古老的想象，以为率土之滨依然是中华一家，蕞尔蛮夷，仍然在仰视天朝，所以又要画家画万国来朝贡的图画，满足的是他当"天下共主"的心愿。在《清代宫廷绘画》中看到两幅佚名《万国来朝图》，大约是乾隆年间的，画的是新年大雪时，群臣加上各国使节前来贺岁，重重叠叠的宫阙，宫门内群臣肃手而列等待觐见，而宫门外，穿了各式服装的异族人熙熙攘攘地等在两侧，急切切地盼着皇上的召见。这内与外暗示着中心与边缘的分别，各国人物举的旗帜上写有"荷兰国""英吉利国""法兰西国"，象征着东洋西洋北狄南蛮都归顺和朝拜天朝。

这让我想起《皇清职贡图》。自从梁元帝画《职贡图》后，很多人都把异域形象画在图像中，一面显示万国臣服，支撑着天朝中心的自信，一面图物象形，增添着关于异国异族的知识。不过，那是在古代中国没有正面遭遇世界的时候，说"王会"、说"朝贡"，说四边是蕞尔蛮夷向慕天朝大概可能还勉强，而在这个西洋列强已经虎视眈眈的朝代，还是画各国欢天喜地地来叩见皇上，一副四海归心的模样，总让人觉得有一点儿掩耳盗铃、一点儿粉饰太平、一点儿自我安慰。想起前两三年争论得热火朝天的那本《怀柔远人》（*Cherishing Men From Afar: Qing Guest Ritual and the Macarlney Embassy of 1793*），按照作者何伟亚（James L.Hevia）的想象，中国皇帝总是按照合适的礼节在抚慰远方的客人。是的，礼节是没有错，但这是中国想象中的朝贡体制下的仪节。乾隆在画上题道

"累洽重熙四海春,皇清职贡万方均,书文车轨谁能外?方趾圆颅莫不亲",后两句虽然看来大度宽厚,但是,在居高临下的宽弘大量中,分明流露着一种无端的自大。到了下面讲"那许防风仍后至,早闻干吕已咸宾",用了一个"防风氏"的典故,据《史记》讲"禹致群神于会稽山,防风氏后至,禹杀而戮之",迟到者要被杀,不许朝觐者迟到,在这样的想象中就有些洋洋得意的霸道了,至于后面再说下去,把四周异族说成是"西鹎东鲽""南蛮北狄",词语下面遮掩的就是不自觉的歧视和傲慢。

说来说去,皇帝觉得仅仅是清帝仍然不足,画了这种"万国来朝"的盛况,敢情是想当天下共主,可是这只是画布上的想象,现实呢?

(二〇〇四年)

"漫长的十八世纪"与"盛世背后的危机"

一

今天这个对话主题,有三个关键词,全球史、近世中国和兴衰。哪一个对我来说都太困难,因为我不像王赓武先生那样对世界历史有渊博的知识,只能局限在中国,最多东亚范围来谈,我的主要历史研究时段也不是近世,而是传统时代也就是古代中国,所以,对当今最密切的近世中国也相对陌生,而所谓兴衰,既要涉及衰落的时段,还得涉及崛起的时段,对于一个习惯于讲"过去的故事"的历史学者来说,当下的故事总是不那么容易说的,历史学者习惯的,是把对象推开一段距离,才能看得清楚。

不过,既然来到这里,就总要表达一下自己的看法。我想,我把我要讨论的时间稍稍往前推一点儿,从我们通常所谓"漫长的十八世纪"(Long Eighteenth Century)说起,看看在十八世纪的全球变化中,中国的"盛世背后的危机",是怎样使得中国逐渐衰落的?

毫无疑问,我今天在这里说的十八世纪大清帝国衰落历史,多多少少有一点"自今之视古",希望从十八世纪的大清历史,为今天中国的现状寻找兴衰的渊源。我曾经多次说过,历史学者是寻找病源的医生,但是不是开处方动手术的医生,以至于这些病该怎么治,那是政治家们的事情。不过,作为一个历史学者,我想告诉今天的人们,近世中国为什么会衰落,这些引起衰落的病根儿,现在是否还在中国的身体中?

至于"兴盛"或者"崛起",我们留给朱云汉先生来详细分说。

二

日本学者宫崎市定曾经说,讨论帝国的衰落,往往有不同的途径。如果把道义颓废、政治腐败作为帝国灭亡的原因,是道德史观;那把阶级斗争激化,统治阶级应对错误,看成帝国灭亡的原因,是阶级史观或革命史观;若将经济萧条,人民穷困作为帝国衰落的原因,是经济史观(《中国史》自跋)。当然,说到十八世纪的帝国衰落,还有一种是归咎于帝国主义和殖民主义的侵略,这是现代进化论下的民族史观。不过,我们讨论全球史背景下的十八世纪中国的衰落,其实,可能需要更复杂的历史背景分析。

在很多历史学家看来,似乎十八世纪的中国正是"盛世",通常都说"康乾盛世"嘛。美国学者罗威廉为那套《哈佛中国史》写的最后一册,讲清代的历史,就有一章叫"盛清"。盛清,看上去说得很对呀,康熙、雍正、乾隆三朝,国力强盛,版图扩大,到了乾隆末年,乾隆皇帝自己就说:古往今来,有哪个皇帝执政六十年?有哪个皇帝五代同堂?有哪个皇帝能有十全武功?

可是,放在全球史里面,问题就出来了。我们知道,尽管十八世纪欧洲启蒙时代的思想家,常常通过来自传教士的报告,把中国理想化。他们说,在政治上,中国统一和集中的国家体制比欧洲好;思想上,简洁和理性的儒家比宗派林立争权夺利的基督教好;社会上,中国科举制决定社会地位,比欧洲世袭身份制度好;君主方面,中国皇帝像父亲一样关怀子民,比欧洲君主强多了;在经济方面,中国在重农基础上再发展商业,比起欧洲在重商主义刺激下使得农村凋敝要好。加上那个时候中国风尚,什么园林楼阁、瓷器漆器,正好风行一时,除了孟德斯鸠《论法的精神》(1748)之外,对于中国是一片称赞。我写过一本书,叫《想象异域》,说清朝的朝鲜文人想象中国,是文明变成野蛮,不过在十八世纪的欧洲想象中国,中国却是莺歌燕舞。

不过,把十八世纪的中国放在全球背景下,就看出问题来了,康乾盛世不是兴盛时代吗？是的，虽然它没有像联合王国那样发展出蒸汽机（瓦特，1705）、发明出飞梭（约翰·凯伊，1733）和新纺车（哈格里夫，1764），出现了"产业革命"。但是，它确实使得中国进入一个稳定的秩序，把明朝疆土扩大了一倍，收纳了好些满蒙汉之外的族群，整顿了文化和思想世界。你可以数出好多好多他们的伟大成就，可是遗憾的是，这些伟大成就背后，有着一些阴影或一些病灶，这些阴影或病灶，不仅导致了"衰落"，而且一直延续至今，也许还会影响到今天的"振兴"或"崛起"。

徐中约《中国近代史》曾经把大清帝国"国运逆转，由盛到衰"，归咎于"行政无能""腐败普遍"和"财政窘迫"，这当然有一定道理。但我想和大家讨论的是另外三点：第一，帝国庞大疆域和复杂族群，造成控制成本过大；第二，思想文化与意识形态无法面向世界，越来越凝固和僵化；第三，归根结底，是皇权或国家权力过于集中，封杀了变革的可能性。

三

首先讲第一点，也就是帝国内部庞大的疆域、族群。

康熙到乾隆，一个最被夸耀的成就是版图扩大，这当然很了不起，因为按照很多历史学家的说法，大清奠定了今天的"中国"。回看十八世纪的历史，从康熙打败噶尔丹，到雍正改土归流，到乾隆所谓十全武功。明朝原本"嘉峪关外非吾土"的地盘，一下子扩大了一倍，原本主要为汉族的王朝，变成了涵容汉、满、蒙、回、藏、苗的帝国。乾隆皇帝很得意呀，罗威廉所谓"盛清"的"盛"，主要就是指这一点，美国哈佛大学的欧立德教授写了一本书就是《乾隆帝》，也承认他的这些功绩。

不过，这种庞大帝国很伟大，但也带来麻烦：

一方面是控制成本非常高，无论是远赴三千里外征服新疆准格尔汗国,还是在川西平定大小金川,贵州苗疆改土归流平定苗民反抗,朝廷要花很多钱(像平定仅三四万人的大小金川,就要用八千万两银子,伤亡近十万)。平常,朝廷开支不过三千五百万两银子,如果没有战争,大概有个三五百万盈余,但是一旦大规模征伐,就得有巨大的开支。怎么办?就得靠征收格外的税,让商人出资,卖官鬻爵。朝廷的财政收入大量用于远方的战争和驻守的军队,据说十全武功要耗掉一点二亿,所以,到了乾隆皇帝退位,也就是十八世纪末尾,其实"内囊已经尽了"。所谓"和珅跌倒,嘉庆吃饱",虽然可以理解为和珅贪腐得厉害,但也可以看到嘉庆手上已经没有多少钱了。另一方面,帝国内部除了作为主体的满汉蒙之外,各种异族对于帝国的认同,也相当麻烦,只好用理藩院、六部、盛京将军三种不同的体制来管理。可是,各地的动乱此起彼伏,经历了回民、苗民、白莲教、太平天国、捻军等叛乱,帝国已经有点儿吃不消了,这也是造成帝国衰落的原因之一。

显然,大帝国有大帝国的麻烦,所以,后来从帝制转型成为共和制后,延续"五族共和"的统一国家,虽然相当伟大,但如何有效管理不同族群和广大疆域,如何使不同族群民众同质化并且认同一个国家,就相当棘手,这种棘手的问题,也许至今还仍然棘手。

四

接下来是第二点,就是面对世界的无知和傲慢,这当然是意识形态与思想文化固执和僵化的问题。

过去讨论十八世纪,往往会说到天朝的傲慢和自大,有人反对,说中国不曾傲慢,也不曾闭关锁国,虽然是朝贡圈的老大,但对各国各族都很平等。像美国学者何伟亚那本《怀柔远人》。其实,这是有意立异,不过是后现代后殖民的路数而已。不要相信天朝皇帝会那么平等地"协和万邦",其实,皇帝始终是中心,中国始终是中心。

这和皇权独大下的思想专制相关,在古代中国的政治史和思想史上，对内部要思想统一，对外部是文化傲慢，这是一个定势。我一直想写一篇文章，说皇帝在思想辩论中的角色。如果说，中古时期的皇帝，还只是在一旁居高临下充当思想辩论的仲裁者（就像汉代的"食肉不食马肝，不为不知味"、梁武帝介入"神灭论"的讨论，唐代皇帝喜欢在宫廷里听"三教论衡"），但宋代以下的皇帝，却常常直接充当思想的辩论者，介入思想世界的论争（像宋孝宗的《三教论》和《科举论》，嘉靖皇帝《正孔子祀典说》和《正孔子祀典申议》）。到了十八世纪，大家可能记得，雍正皇帝干脆自己操刀，编了《大义觉迷录》（1729）和《拣魔辨异录》（1733），前一本借了曾静案，介入政治和伦理领域（讨论华夷之辩的错误、皇帝神圣的地位和他本人的合法性）；后一本针对佛教禅宗，介入宗教信仰。如果再加上《名教罪人》，好了，皇帝不仅管天管地，还要管思想，这就形成了对知识阶层的很大压力，不光是王汎森讲的"毛细管"作用，还有强大的"锻压机"作用。

那么，在皇权笼罩一切的专制政治制度底下，说得好，唯有"得君行道"的路径和"作帝王师"的理想，说不好就只能"著书都为稻粱谋"。知识分子怎么能轻易挣脱专制皇权和政治制度对文化思想的钳制？而在专制皇权、政治制度的控制之下，自由思想空间越来越窄仄，我们又怎么能相信凭着这种传统，中国能给世界带来惠及全球的价值，发展出保证现代科学、技术和经济自由发展的制度？

举一个例子，差不多同样在十八世纪七十年代，欧洲完成了狄德罗和达朗贝主编的《百科全书》（1772，共28卷，两千万字，71,818条条目，2,885张插图），中国则由朝廷组织编成了《四库全书》（1782）。两套书各自的取向和影响是什么，好像也差得很远，百科全书似乎是朝向现代的，四库全书当然是回向古代的。百科全书虽然以"记忆""分析"和"想象"包容历史、哲学和文学，但更强调了商业、技术和工艺；然而四库全书则仍然是经、史、子、集，所以，当四库全书的编纂，鼓励了学者们把精力和智慧都用在古典的注释和发挥上的时候，欧洲的实用知识却在发展和整合。

特别值得一提的,是在这之前几年的1776年,美国发布了《独立宣言》,而之后几年的1789年,法国发布了《人权宣言》。

五

最后第三点,就是帝国中央权力,皇权也就是国家权力过于集中和强大。

美国学者牟复礼(F. Mote)说过,元朝、清朝都是非汉族政权,他们由于军事上的崛起,习惯于严厉的控制,他们摧毁了宋代形成的士大夫对皇权的任何限制。大家如果熟悉清史就知道,清代皇帝设立的军机处,使内阁虚设,内阁大学士成了闲散的名誉职位;皇帝亲自批览各种文件,所以才有庞大的朱批、上谕,事无巨细都由皇帝管;从雍正到乾隆,贯穿整个十八世纪的文字狱,大家记得曾静、岳钟琪和吕留良案吧,臣下该死,圣上英明。所以,许倬云先生说"清代的君主,独擅政权,天下臣民,都是奴隶",绝不止是满人包衣之类自称"奴才",而士大夫呢?许倬云也说,"在领导力方面,已不如宋明"。皇权独大,国家太强,地方也好,社会也好,士大夫或知识阶层也好,甚至商业贸易,都受到制约,地方"只是皇朝的收税代理人",顾炎武《郡县论》所说的"寓封建之意于郡县之中",根本实现不了。

看一下欧洲吧。一七六四年,也就是乾隆二十九年,英国乔治三世打算以不敬罪名,逮捕《北布列吞》杂志的作者、编者和出版印刷者,但是遭到大法院的驳回,宣布无效,就像王赓武先生说的,这种宪政制度棒极了,"每个人都不得不认同宪法",这是英国《大宪章》之后,延续洛克政治思想才发展出来的宪政主义,更何况在英国,当时已经是政教分离(参看《王赓武谈世界史》)。而在中国,皇帝就是政治权力、神圣象征和文化真理三合一的,以前史华兹说是"普遍王权"(Universal Kingship),皇权或者国家的权力太大,始终是"普天之下莫非王土"。

可是,(1)没有"祖国/国家"和"朝廷/政府"的自觉区分,就是王赓武先生说的宪政:"君主"和"法律"的自觉区分,政治权力就无边无际,用皇帝或国家名义为所欲为,制度和政策就缺乏理性;(2)没有中央和地方的各自分工与权利分配,地方、乡绅、商贾就缺乏积极性,社会力量就形不成,商业贸易就没有制度保障,政治权力和经济行为也不能权责分离。(3)皇帝或者朝廷的权力太大,政治权力和文化权力就不能分化,知识分子或者说精英阶层就不可能成为批评和监督的力量,"道统"无法制约"政统",理性和文化的力量就没有办法起作用。(4)皇帝、天朝为中心的朝贡制度,那时要面子是吃亏的,它是政治的,不能放任商人的自由发展,当官方体制面对商业市场,也就是想方设法赚钱的自由贸易,差别就很大了。这使得清代中国从盛世之后就陷入困境,到了晚清局面不可收拾,湘军、淮军为代表的地方力量起来,清流之类的士大夫兴起,各个口岸开放,但为时已晚。甚至直至今日还没有从困境中走出来。

这里顺便说一下,过去东西方很多学者喜欢讲"江南",觉得十六到十八世纪中国江南,甚至比英国经济还发达,中国才是那时的"世界经济中心",所以,比如加州学派就用"江南"和"英国"比较,讲白银资本,讲大分流。虽然他们的初衷是自我批判,是否认欧洲中心论,是对西方近代的质疑,但是中国作为帝国,江南作为帝国高度控制的一个地区,和一个独立的、拥有殖民地的、现代制度下的新兴帝国,怎么可以比?其中一个被忽略的重要因素,就是这个帝国国家控制力的强大,对于财富增长和分配的影响,对于市场、原料、关税等的国家调配,与英国很不同。你不能简单比较,否则我们要问,为什么江南或者中国没有形成"产业革命"和"现代社会"?

六

关于"漫长的十八世纪"和"盛世背后的危机",我就讲到这里。最后我想回到世界史中,讲一个小故事:一七九六年,当了六十年皇帝的乾隆退位,他自己说,要不是向他的祖父,也当了六十年统治者的康熙皇帝致敬,他还会继续执政。选在这个时候退位,比康熙少当一天皇帝,是向祖父致敬,但他还是把皇位传给儿子也就是嘉庆了。恰好同一年呢?美国总统乔治·华盛顿卸任,他拒绝了第三次连任,为的是要坚决捍卫民主的总统制度。最近,有人提起这一点就说,在我们有关历史的印象中,华盛顿好像比乾隆皇帝晚得多,好像华盛顿是现代的事情,乾隆皇帝好遥远。其实,他们是同时代人,并非华盛顿近乾隆远,但要是从制度上看,确实一个太古代,一个很现代。

也许,从这一个小故事中,可以看到另一种"大分流",也就是十八世纪以后,西方的兴起和中国的衰落。

【按:这是二〇一八年十一月十四日在香港大学人文社会科学研究所主办的"从全球史看近世中国的兴衰"论坛上的发言,该论坛由香港大学梁其姿教授主持,新加坡国立大学王赓武先生、台北"中研院"朱云汉先生和我分别从新加坡、台湾、大陆的不同角度,对这一主题进行阐述。】

[辑三]

引颈偶眺

这些年里，我一直在提倡"从周边看中国"。这个话题其实说来并无特别之处，无非是三点：一是想借了异域之眼重新打量中国，试图发现原来不注意的死角或盲点；二是觉得过去中心和边缘太清楚，历史总是以中心/主流为焦点，不免忽略了边缘/边陲；三是想看看周边或边缘的变动，怎样搅动了中心。总而言之，是看看我们能否借助过去忽略的东西，搅乱一直平静的一池春水。

下面选的三篇，大体上都呈现的是这个意思。

异域的眼睛

一

气象台报的香港夏日温度并不高,可是漫天的热浪却无孔不入,裹得人无处躲无处藏,总觉得好像进了旧时的澡堂,热气蒸得人每个毛孔向外冒汗,直埋怨气象台谎报"军情",其实可能真是冤枉。没处去,只好躲在研究室里读书,也许是因为有冷气的缘故,时间一长,隔着幪了遮色纸的窗户,看着外面的阳光,渐渐觉不到赤日炎炎似火烧。外面明晃晃跳跃着的,感觉倒好像是和煦的冬日阳光。错觉让人生出这样的幻觉。

读历史文献也会有错觉,也会有幻觉。因为要写思想史清代部分的缘故,不免多看了些清代文献。看了很多正史、杂史、文集,也看了一些现代人关于清代的历史叙述,脑子里已经储存了固定的历史图像。但是,当我读着两百年前朝鲜人朴趾源(1737—1805)写的《热河日记》(我看的是日本人今村与志雄的译注本《热河日记》,他给这部写于乾隆年间的日记做了相当仔细的注释,而且有两篇解说,一个年谱及一些附录),日记中的清代竟与早先自己预存的历史图像大不一样,仿佛这里书写的是清代盛世的另类风景。从前习以为常的历史知识渐渐在这种风景中被瓦解,仿佛过去历史书中写的,只是错觉或幻觉,就像隔着幪了遮色纸的窗户看外面的阳光一样。或许,这双"异域的眼睛"看到的,反倒可能是真实。

二

乾隆四十五年（1780）乾隆皇帝七十大寿，四十四岁的朴趾源随了朝鲜使节到中国来祝贺，也许他不是主要官员的缘故，他更像是在学术旅游，到处与人聊天，到处参观浏览，随手写成文字。于是，日记里有很多眼见为实的"盛世风景"。说起来，中国人看中国，一半是应了那句"只缘身在此山中"的话，算是"当局者迷"，一半是因了"避席畏闻文字狱"的情势，只好"噤口不语"，弄得后来的读者尽管在字里行间寻寻觅觅，看到的也不见得就是真实的帝国风景。都说清朝专制，文字狱弄得人人自危，可是，这也许箝制了公开的议论，却挡不住私下谈论时的出位之思，好像如今街头巷尾满世界的民间传闻一样，步调整齐，口号一致的"万众一心"常常只是表象，在"公"的世界外，另有一个"私"的世界。

《热河日记》里的《审势编》居然敢说"清人入主中国，阴察学术宗主之所在，与夫当时趋向之众寡，于是从众而力主之。升享朱子于十哲之列，而号于天下曰：朱子之道即吾帝室之家学也，遂天下洽然悦服者有之，缘饰希世者有之……其所以勤遵朱子者非他也，骑天下士大夫之项，扼其咽而抚其背，天下之士大夫率被其威胁，区区自泥于仪文节目之中，而莫之能觉也"。意思就是说清朝皇帝看到士大夫相信朱熹，就利用朱熹愚弄和控制士大夫，骑在你的脖子上，掐住你的喉咙，却摸摸你的背，士大夫不知道自己被愚弄，还很得意洋洋。这话就不仅是"腹诽"简直是"击鼓骂曹"了。不仅如此，他还意犹未尽地评论说，清朝官方尊朱子之学，愚弄天下，使得士人中，"其豪杰敢怒而不敢言其鄙佞因时义而为身利，一以阴弱中土之士，一以显受文教之名，非秦之坑杀而乾没于校雠之役，非秦之燔烧而离裂于聚珍之局。呜呼，其愚天下之术可谓巧且深矣"。

看来，两千多年前"防民之口甚于防川"的老话毕竟不假。

三

如果说，这只是享有"治外法权"的外人偶语，似乎也不尽然。那两个中国人王鹄汀、郝志亭，好像就不怎么管得住自己的嘴。《热河日记》中的《太学留馆录》记载朴氏与他们对话，王鹄汀就戳穿了大清帝国伦理风景的底线。外面说的是都遵行《朱子家礼》，王氏却说，实际上并不尽然，场面上都说是理学笼罩下"失节事大"，可是，私下里人们却在议论这种陋习的不合理。装模作样时都说是"百行孝为先"，可是，当朝鲜人朴氏讽刺所谓孝道"断指尝粪，尽是疏节，冰笋冻鱼，乃为笨伯"的时候，王鹄汀居然也同意。"冰笋冻鱼，已是天地之气一番浇漓"，全不顾还有《孝经》在头顶上。而另一个郝志亭甚至对"忠"也提出了疑问，说"陆秀夫之负帝赴海，张世杰之瓣香覆舟，方孝孺之甘湛十族，铁铉之翻油烂，人不如是不足以快。后世之为忠臣烈士，其亦难矣"。确实，古往今来，高调的道德理想主义用了严厉标准，以"天理"的名义约束人，甚至以"革命"的名义残害人，当人们无法公开违逆这种永恒真理时，只好在私下里阳奉阴违。

没办法不阳奉阴违，因为头上悬着刀，脖上安着枷。这个王鹄汀说得兴起，有时不免说滑了嘴，他论"三厄"说，足厄即缠小脚，头厄指以发网代丝箍狠缠，口厄即吸鸦片烟。这倒也罢了，可是，有的话不免就出了格，像他和朴氏讨论"吾儒近世颇信地球之说，夫方圆动静，吾儒命脉，而泰西人乱之"的问题，就很大胆。当朴氏问他"先生则何信"时，他很干脆地说"虽未能手拊六合之背，颇信球圆"。这就有些抛弃"吾儒命脉"，自掘祖坟的意思了。朴趾源看出他的思想是"贵黄老而贱经术，纵国贼为笃信圣人，推王介甫贤于范文正，抑扬太过，经术为坏天下之具"。

不过，到头来他还是无可奈何，据朴氏的记载，他与鹄汀共处五日，"每谈次，频发叹息之声，其声喟，古所谓喟然太息者是也"。一肚皮不合时宜，到头来只能化作声声长叹。

四

我曾经批评一位美国的清代学术史和思想史的研究者,他把清代思想史看得太简单了,也太容易轻信公开发表的文献记载。在古代普遍皇权的笼罩下,由于政治权力、宗教权力和道德权力的三位一体,个人在社会中没有自由表达的空间。正当性被那些看上去是天经地义的真理话语垄断了,真理话语又总是被政治权力拥有。所以,要想了解真实的思想世界,不能仅仅看公开场合所表达的文字。

为什么?因为专制时代的人们可能同时会说三种话语:在公开的社会场合是一种,冠冕堂皇正儿八经得仿佛总是在背诵社论、宣布真理;在学术共同体中或在知识界的朋友中是一种,搜肠刮肚地表现知识和比量见识,连日记和书信都仿佛学术论文;在私人场合又是一种,低斟浅唱呢喃软语甚至嬉笑怒骂,肆无忌惮地宣泄着自己的心情。如果仅仅相信第一种话语,并把它用来充当真实的历史图像,恐怕重建出来的只是哈哈镜中的图像。

其实道理很简单,同样是历史,正史就与野史不同,同样是文字,给人看的和不给人看的也不同。大凡事先就存心给人读的文字,已经预设了读者,不免下笔的时候就始终在想着读者的反映,怕人误解,怕人联想,也怕人揣测到自己的用心里常有的那点私心欲望,于是遮掩涂抹。同样是汉语写作,天子治下的臣民和王化之外的使臣也不同,"溥天之下,莫非王土,率土之滨,莫非王臣",说是这么说,大概清国臣民毕竟更心虚胆寒。这一点,异域的朴趾源就看出来了,他说,他到中国来,看到人皆有苦心,其中"观人文字,虽寻常数行之札,必铺张列朝之功德,感激当世之恩泽者,皆汉人之文也。盖自中国之遗民,常怀疢疾之忧,不胜嫌疑之戒,所以开口称颂,举笔谀佞,益见其自外于当世也。汉人之为心亦苦矣。与人语,虽寻常酬答之事,语后即焚,不留片纸"。

这种话语的分裂,使得后来的我们要穿透公开的历史记载去体验真实的历史,常常不得不借助那双异域的眼睛。

渐行渐远：东方与东方的陌生
——清代中叶朝鲜、日本与中国的对视

一、傲慢的漂流者

日本千叶县安房郡千仓町。

这一年是日本的安永九年，中国的乾隆四十四年（一七七九），四月的最后一天，海上漂来一艘商船，船上是七十八个筋疲力尽的中国人。那个时候，日本正是锁国时期，通常外来的船只能在指定的长崎停泊，可是这一只大船，显然是遇到风浪，无奈之下漂到了这里。从留下来的日本文件中知道，这艘船名为元顺号，船主叫沈敬瞻，是姑苏人，四十二岁，副船主叫方西园，是新安人，四十五岁。船上一共装了白砂糖二十六万两千五百斤，冰砂糖五十桶一万二千五百斤，各种药材，像甘草七万五千七百三十斤，山归来五万五千八百斤，有点儿奇怪的是，在鸦片战争之前，中国的这艘开往日本的船上也载了鸦片三百五十斤，而且还装载了现在动物保护组织特别痛心疾首的东西，犀角两箱二百二十七斤，象牙若干支，以及虎皮十张。

船果然进了水，因为触礁的缘故。糖化了很多，冰糖也只剩下了十分之一，让船主痛心的是船上装载来装备贩卖大价钱的书画之类，更是损坏大半，好在性命保全下来了。很久没有见到外人的日本当地人，对这些落难船员还算宽容，虽然按规定不能让外国人四处乱走，但毕竟还是划出了一片地方，让他们在海边自由行动。不过，日久生厌的水手们在海滩拾虾，吹拉弹唱，到处闲逛，一直到了官厅前面，"横行于厅前而傲然不敬，吏卒呵而不退"，日本役人多少有些不悦，便要求船主

日本人所绘元顺号中国商船，日本永岛乡土馆藏

日本人所画得泰号商船，神户市立博物馆藏

沈敬瞻严加管束，一个叫作儿玉的役员甚至斥责"尔等不察，屡犯我禁厉，乱我清规，不独不从我令，又随对悍我吏人，何其无礼也"，口气很严厉。

没想到在第二天，官厅前出现了一封信，信是中国船员写的，里面的口气，好像也很不客气，大意是说，我们远离家乡，遭遇海难，已经很伤心，在这里"上无绿树之荫，下有白沙之热，暑月炎天，其谁胜之"，所以，出去玩玩也是人之常情，"论法则我不知，若语道则岂有此理乎哉？"听起来好像也有道理，他们说，几年前日本人也有漂流者到中国，我们对他不薄，"昼则遨游玩景，夜则街市看灯，永衣乎绫罗是衣，思食乎奇珍是食，闷有歌舞置酒，归有出宿饮饯，唯尔所欲"。就是在通商的长崎，也不像这样对待中国人，"一月三次，游寺看花，登高赏景"。

这些船员多少还有些天朝大国的传统习气，口气也多少有些傲慢，这封信里还说，我们是出于礼义之邦的人，怎么会不懂礼义道理？"吾侪虽下愚，亦闻周孔之道，殷殷雅化，仁以服心，实为王道；刻轹侵夺，威以劫人，其如霸术何？"这信写到最后，甚至还教训日本人说，你们受这种霸道教育太久，恐怕人心已经受到熏染，我们真是为你们担忧。最后还欲擒故纵地说，"今为尔计之，在速起我归程，是主客两全之道也"。

两方面都不那么愉快。

二、鄙夷的目光：夷狄与胡服

不断有中国船到长崎，也不断有一些遇见风浪的船漂到日本的各个地方。遭遇多了，客人和主人之间，常常会有一些不愉快的事情发生。不过，并不全是中国人的错，当时日本人，多少有一些歧视中国人。

原因很多，其中一个原因，据说是清朝入主中国，让日本人觉得野蛮在中国已经战胜了文明，尤其是清朝的中国人，都脱下了原来的汉族衣服，剃掉了受之父母的头发，编上了蛮人的辫子，这一点就让日本人觉得很鄙夷。仿佛老话说的"哪壶不开提哪壶"，他们明明知道中国汉族人对这种服色改易也很在意，他们偏偏就要在衣服上面做文章，挑开已经渐渐平复的旧时伤疤。现在还留下不少当年日本人好奇的绘画，绘画中的清国人都是"辫发胡服"，与史书记载中的华夏衣冠和他们想象中的中华人物，已经有了很大差异，于是，他们特别仔细地询问，并且用画笔把他

日本人所绘宁波船船主汪晴川像，日本东北大学图书馆藏

们的形象画下来，不仅是猎奇，也借了这种外观的描述，表达一种文化上的轻蔑。一个叫作伊东龟年的人，就对清国船员们的髡头辫发和上衣下裳很不以为然，原因很简单，因为日本读书人虽然对历史上的中华文化有钦慕之意，但是对现实清国的存在却相当蔑视，据学者说，清朝的出现，唤起了日本人对当年元寇的回忆，所以打心眼里对清朝有一种敌意，因此在记载了服色之后，他不忘记添上一句，"大清太祖皇帝自鞑靼统一华夏，帝中国而制胡服，盖是矣"。他们说，中国已经荣光失尽，因为满族人的入主中原，所以"今也，先王礼文冠裳之风悉就扫荡，辫发腥膻之俗已极沦溺。则彼土之风俗尚实之不可问也"。

日本人的逻辑很有趣，一方面他们觉得中国衣冠已经成了野蛮胡服，满心地瞧不起，一方面要证明自己衣冠是文明传统，却又还得证明自己穿的是正宗中华汉服。因为只有证明自己古代衣冠源自上古中华正

宗，才能证明文明在日本而不在中国。所以，他们不断在漂流人那里寻找自我证明，一个叫作关龄修的日本人，便拿了日本保存的深衣幅巾及东坡巾，告诉中国人说，这是"我邦上古深衣之式，一以礼经为正。近世以来，或从司马温公、朱文公之说，乃是此物"。而且故意问中国人说，你们那里一定也有这样的衣服吧？中国船员仔细看过后，只好尴尬地承认，这是"大明朝秀才之服式。今清朝衣冠俱已改制。前朝服式，既不敢留藏，是以我等见于演戏列朝服式耳"。

不仅是服色，在日本人看来，音乐也一样有正、闰之分，他们追问中国船员，你们听过朝廷的乐曲吗？好面子的船员回答说，"细乐即唐时乐曲，但孔子祭即古乐"，但是，日本人根本不相信，他们觉得，既然中国现在被清朝统治，而清朝统治者就是蛮夷，蛮夷奉行的文化，就一定不再是正宗的汉文化，音乐也一定是胡人乐曲，所以本田四明就追问，清朝的庙堂音乐究竟与古先王之乐有什么差异？尽管汉族船员一直坚持说，"此刻祭祀与文王一般"，并引朱熹作证，说朱熹是宋朝大儒，四书的注释都是他写的，清国是尊朱熹的，所以朝廷的乐曲也一定是文王之乐，但是，这个叫本田四明的日本人却反唇相讥地说，"不待足下之教。四书集注，不佞初读之，疑理学非孔子之意。已而广涉诸家，未尝知有谓古之乐犹存焉者矣。盖贵邦今上，由贲（坟）典以新制清乐邪？"尽管中国船员仍然坚持"今清亦读孔孟之书，达周公之礼，新制未之有也"。但是，本田四明还是直接了当地说，"贵邦之俗，剃头发，衣冠异古，此何得谓周公之礼？而新制未有之。足下之言，似有径庭，如何？"

在这种看上去义正辞严的话面前，中国船员只好以退为进，勉强遮掩应答说，"仆粗以见识，自幼出外为商，其诗书礼乐无识矣，恕罪恕罪"。

三、朝鲜人看中国

也是清代中叶。

就在中国船员不断东去,经海路到日本做生意的时候,很多朝鲜文人从陆路来华,他们经沈阳,入山海关,到北京来朝觐,一团团的使者中,不乏观察敏锐的文化人,他们留下的旅行记,记录了当时朝鲜人对中国的观感。说起来,旅行或者漂流,常常不仅是空间的移动,也是历史的迁徙,和文化经验的变化,人从一个世界到另一个世界,常常会有异样的感觉和异样的经验,人在异国的旅游感观,反过来,会成为他的国家认同和文化认同,通过"别国"来定位"我国",就像找镜子来反照自身。

清代乾隆到嘉庆年间,表面上看是"盛世",实际上就像《红楼梦》里说的那样,已经是大厦之将倾的时候了,可中国人对于外面的世界,大多还沉湎在两千年来以自我为中心的想象里。但是这个时候,朝鲜人对中国的感觉却不同了,尽管明朝覆亡已经百年以上,不知怎的,朝鲜人仍然对明帝国很依恋,在清国巨大压力的无奈之下,他们对朝觐胡人皇帝充满了怨气。私下里,他们把清帝国叫作"夷虏",把清皇帝叫作"胡皇",就在乾隆年间,一个叫作金钟厚的人,就给曾经出使清帝国的朋友洪大容写信,说明朝以后已经没有"中华"了,在他们心目中,中华原本是文明的意思,如果中华文明并不在清国,那么,我

明代官员的常服,朝鲜人就是沿袭了这样的服饰

"宁甘为东夷之贱,而不愿为彼之贵也"。

这个时候的朝鲜人,早就不把清帝国当作"中华"了。所以,他们对汉族中国人那么容易就归顺了清朝政府,感到很不理解,乾隆年间,出使北京的一个使者洪大容坦率地告诉两个打听朝鲜历史的中国人严诚和潘庭筠说,"我国于前明实有再造之恩,兄辈曾知之否?"当不明历史的两人再问时,他说,"万历年间,倭贼打入东国,八道糜烂,神宗皇帝动天下之兵,费天下之财,七年然后定,到今二百年,生民之乐利皆神皇之赐也。且末年流贼之变,未必不由此,故我国以为由我而亡,没世哀慕,至于今不已",这种在清帝国治下的人看来是狂悖的话,在朝鲜使者嘴中说出,让两个汉族文人默默无言。

朝鲜人从心底里觉得,他们到清帝国来,不是来朝觐天子,而只是到燕都来出差罢了。所以,清代朝鲜使者们的旅行记,名称大多由"朝天"改成了"燕行",一直到乾隆、嘉庆年间,虽然离开大明的覆亡已经百余年,但朝鲜关于"大明"的历史记忆却依然如此清晰,而对"大清",却始终没有一点儿好感。

四、大明衣冠对胡服辫发的自负

古代中国讲历史的巨变,常常提出一个改正朔,一个易服色。改正朔就是纪年纪月用了新朝的历法,用新历仿佛天地就变了颜色;易服色就是脱了旧时的衣服,也就等于卸甲易帜,自动承认了新朝的合法。

至今朝鲜人的固执,仍然让人印象深刻。固执当然有些冥顽不化,一条路走到黑的意思,但固执有时也是坚守自家的传统,不那么随波逐流的基础。那个时候,朝鲜人对于自己仍然坚持书写明朝的年号、穿着明朝衣冠,特别感到自豪,也对清帝国的汉族人改易服色,顺从了蛮夷衣冠相当蔑视。"大抵元氏虽入帝中国,天下犹未剃发,今则四海之内,皆是胡服,百年陆沉,中华文物荡然无余,先王法服,今尽为戏子军玩笑之具,随意改易,皇明古制日远而日亡,将不得复见"。

其实，最初汉族中国人对于这种顺从或者说得彻底一些的"投降"，也一样感到屈辱，顺治十三年（1656），一个朝鲜使团到山海关，路上看到"市肆行人见使行服着，有感于汉朝衣冠，至有垂泪者"，在北京正式朝见后，也发觉"华人见东方衣冠，无不含泪，其情甚戚，相对惨怜"。但是到了清代中叶，时间流逝，这种屈辱感已经很淡了，满族的服装穿得也习惯了，辫发也都成了家常便饭，所以乍一看到朝鲜使节穿的明代衣冠，反倒有些好奇。可是，朝鲜人却觉得，他们穿着汉族的明朝衣冠，在心理上对清朝统治下的汉族人就有一种居高临下的感觉。好像的确如此，在他们面前，似乎很多汉族士人有一种自惭形秽，这使被迫朝贡的他们，在心理上很是得到了补偿。乾隆四十二年（1777），一个朝鲜使者就记载说，"每与渠辈（中国人）语，问其衣服之制，则汉人辄赧然有惭色"，为什么？因为"问我人服色，或云此是中华之制"。朝鲜人觉得，清帝国的风俗已经不再是"华夏"，因为本来是儒家发明并很自以为正宗的礼义，在中国的保存却反不如朝鲜纯粹，而正统儒家礼义的破坏，让他们存了一种不认同大清的心理，在看透了清帝国的这些

《皇清职贡图》中朝鲜官员的服装，依然是大明衣冠

风气之后，从一开始就视清朝统治者为蛮夷的朝鲜使者，就更存了对清国的轻蔑之心。

"旁观者清"好像是一个普遍现象。当汉人可能还在"当局者迷"，沉湎在乾嘉盛世的时候，朝鲜人已经发现了中华帝国的千疮百孔，"今天下中华制度，独存于我国"，朝鲜人再也不承认中华文化在清帝国了。

五、重编历史：辱及圣上与祖先

不只是在衣服上，也不只是在音乐上，日本人对清帝国的敌意和鄙夷，在一些看似不经意的传闻和消息中，不断地流露出来。

就像小孩子用侮辱对方长辈，当作战胜的象征一样，日本人也想象出了一些很伤人的话题刺激漂来的中国人。一个叫野田希一的人，在与得泰船的刘圣孚聊天时，就明知故问，"贵邦太祖出何州？"以为可以蒙混的刘圣孚，便半遮半掩地回答，"出于江南"。但深知内情的野田立即戳穿，说"吾闻贵邦太祖，起于长白山下，不知此山在江南何州？"这话很厉害，如果皇帝不是出自传统的华夏地区，而是出自关外，那么，怎么可以说清国延续中华文化血脉？刘圣孚一时不知如何回答，所以，在一旁的船主杨启堂便只好给刘圣孚解围，说"先生博识，于吾邦书无不通。而今刻问及，故圣孚言然耳。此故在他人秘之，独与我公说何妨。中夏为外狄驱逐，故去发四边，亦自天运循环之道"。谁知道，"天运循环之道"这种已经退让三舍的话，也招来野田的一通教训，"天运循环，盛则衰，衰则盛，天下盛久矣，焉知无如皇觉寺僧出，而长四边之发哉？"

只好忍气吞声，但是没想到，接下来野田又说出一个更惊人的传闻，"我邦越前人，前年漂到满鞑奴儿干地方，观门户神画源判官义经像云云，世或称贵邦太祖为源判官后，不知贵邦有传之者乎？"这是什么意思呢？原来，德川曾自称"源氏"，是新田义贞的子孙，新田氏是清和源氏的一支，而清和源氏是九世纪中叶清和天皇之子，如果清太祖是源氏之后，那么算起来，清代皇帝应当是日本贵族的分支后裔。

辱及圣上，而且公然表达我是你祖宗的意思，这在汉族中国人，本来是不能容忍的事情，可是一败再败，气势已馁之下，同时在场的一个汉族人朱柳桥也无可奈何，只好勉强承认说，"以前观日本书，我朝天子先世姓源，系日本人，今忘其书名。我邦或传以康熙帝自言云，均不知其信"。如果真的是康熙自己说的，连皇帝也成了日本人！对这种不可证实的传闻，日本人相当得意。因为，在日本人的心目中，汉唐中华已经消失，中国与四夷的位置已经颠倒。他们虽然承认中国是大国，日本是小国，但是，当他面对汉族中国人的时候，又专门强调"有土之德，不国之大小，众叛则地削，桀纣是也，民和则天下一，汤武是也。敝国邃古神功皇后征三韩，光烁海外，至今千万岁，一姓连绵，生民仰之，可不谓至治哉？此聊敝国之荣也"。

六、人在矮檐下：中国船员的无力反驳

日本人的轻蔑与傲慢，让中国人很不舒服，漂流日本的中国船员虽然落难在异邦，但是，心里仍然有一种习惯的大国意识，所以，当野田说了这一番为日本张目的话头之后，一个叫张谟弟的人就很不服，不便直接反驳，就想方设法迂回地反唇相讥，他避开话头，以长崎风俗为例，说"长崎通事，其【兄】亡过，将嫂收为妾"，意思是尔乃蛮夷，弟娶兄嫂。同样，当一个叫野田的人故意捅清人忌讳处，在被逼无奈下，那个朱柳桥也只好以攻为守，转而说"苗俗有跳月之风，任人自为配偶，今日本男妇，亦多野合者，国法不禁"。意思是说，你岛夷婚娶不以媒妁之言，国法也不禁野合，这当然有反唇相讥的意思。

毕竟在他人屋檐下，中国人的反击似乎只是偶尔一现，倒是日本人的自我意识，在对话中处处显现，就连山水风光的议论，有时也成了另一种"竞争"，一个日本人询问汉人说"芙岳秀绝，孰与贵邦天台山？"中国船主杨嗣元说，"芙山较天台山一色，但天台山能使人上去游玩"。

但是，启堂却显然把比较当成了比赛，于是，便追问"（天台山）三夏戴雪吗？"当杨氏回答"无雪，因地气暖之故"时，他就得意地补充，"果然不及芙岳也，若其绝高，假在南海【终】（中）【年】戴雪矣"，这种无端自负顿时使得杨"默然无语"。如果说，原来处在朝贡体制中心，作为宗主国的中国人还并没有特别强烈的国族意识的话，那么，原来处在朝贡体制边缘的朝鲜和日本人，国族意识就已经很浓厚了，不仅是在话语中彼此角力，就在互相的了解中也一样相互提防，虽然漂流到日本的中国船员并不介意日本人借阅中国的历书，探问中国的知识和政治，但是，当中国船员打听日本情况的时候，他们却相当警惕，杨启堂向野田借阅日本地图，他就说，这"是吾邦大禁，不许外人看"，当他们向野田打听日本通天文地理的人时，他又说"天师府中之事，不与外人道，恐泄天机"。

七、"东方""中华"：渐行渐远的中日韩三国

自从晚清以来，中国学界习惯了以"中国"与"西方"（中西）或者"东方"与"西方"（东西）进行比较，深究下来，这种总是以西方为中国背景的研究方法，其实和晚清的"中体西用"或者"西体中用"的观念一脉相承，因此在文化交流或比较史上，人们的注意力始终是落在整体的"东方"或者"中国"，以及作为对照系的"西方"（欧美）之间，人们动辄想到的就是"东方"与"西方"。这当然不奇怪，因为中国人从来就习惯了"中国"等于"东方"，中国的他者就是"西方"，好像这个"东方"的内部，似乎总是具有文化的同一性，而没有多少文化的差异性似的，即使说到文化交流，也主要是讨论中华文化"光被四表""广传四裔"的历史。

不过，这显然是不适当的，至少在明清是不适当的，如果我们仔细看明清史，我们可以看到这个所谓"东方"，在十七世纪中叶以后，在文化上已经不是一个"中华"，在政治上已然是一个"国际"，而在经

幕末时期日本人所绘的《世界万有·海上里数·王城人物图》中，位于世界中央的日本显得很大

济上，"朝贡体制"虽然还维持着，但是日本、朝鲜与中国实际上已是"贸易关系"，东方（其实是东亚）内部原有的同一性基础已经瓦解，而彼此之间的文化认同更已经全盘崩溃，正是这种崩溃，使得各自面对西方的时候，便有了后来历史的巨大差异。

如今，欧美学术界也罢，中国学术界也罢，对于欧洲人到中国来的旅行记格外重视，当然是因为这体现了两个不同文明的对望与审视，在彼此的差异中可以相互发现并发现自己。这些欧美著作，话题大都集中在"西方"对"东方"的观察上，所用的资料也大多是涉及"东方"与"西方"的部分，但是我总在想，这种西方对东方的观察，毕竟只是"异"对"异"，西方与东方是本来不相识者的迎头遭遇，所以，乍一撞见，常常引发的是诧异、好奇和想象。然而，文化上本来"同"却渐行渐"异"的东亚诸国之间的互相观察，与这种东方与西方的彼此对视相当不同，日本、朝鲜和中国，从文化上"本是一家"到"互不相认"的过程，恰恰很深刻地反映着所谓"东方"，也就是原本在华夏文化基础上东亚的认同的最终崩溃，这种渐渐的互不相认，体现着"东方"看似同一文明内部的巨大分裂。在清帝国最兴盛的时代，朝鲜到中国来的使者们却看到了另一个已经不再"中华"了的帝国风景，于是不再认同这个原来仰视的宗主国。而日本人在对中国漂流商贾的观察中，也可以看到日本人与清国人之间，彼此都有一些微妙的发自国族自尊的轻蔑和警惕。其实，追溯起来，丰臣秀吉发动壬辰之役（1592）以后的日本、明亡（1644）以后的朝鲜，大体已经放弃了对清帝国的认同姿态，东亚诸国对于清帝国的这种看法转变，究竟如何影响了当时的国际形势和后来的历史和思想？

(二〇〇五年)

深入中国边陲
——读《苦行孤旅》有感

我对于云南的知识,是那么零碎和片段。四十多年前,在贵州下乡当知青的时候,曾经跟着两个年长的朋友匆匆到过一趟昆明,事后却没有对这个毗邻省份留下任何印象。四十多年过去了,对于那一片土地,记忆还是那么模糊。到了现在稍稍要关心"疆域"和"族群"问题的时候,回头搜检自己肚里的存货,发现我对这个"彩云之南"的历史知识,好不容易才数得出几类:(一)正史的《西南夷传》、杂史如樊绰《蛮书》、绘画如五代张胜温画卷等故纸堆和旧图像,(二)从传说中宋太祖玉斧划界,把云南放在"大宋"之外,使大理国在《宋史》里归了《外国传》,直到元朝才收归版图内的历史,(三)因为看贵州苗族图谱而顺带看的各种《滇省夷人图说》等图画,(四)匆匆翻过的丁文江《爨文通刻》、清华大学所藏纳西文书,方国瑜主编的十三卷《云南史

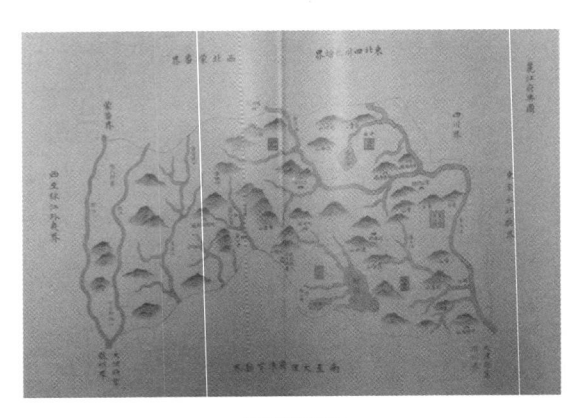

《丽江府舆图》

料丛刊》，和八十年代刘尧汉等人关于彝族文化（如虎宇宙观以及天文历法）略嫌夸张的研究论著，（五）讨论佛教传入中国路径的时候，涉及西南丝绸之路的知识。真可以说是贫乏得很。大概唯一可以拿得出来说说的，就是我在清华大学图书馆阁楼上，曾经发现过陈寅恪先生手批清华大学一九三五届毕业生刘仲明的毕业论文《有关云南的唐诗文》。

在这篇论文的评语中，陈先生虽然称赞刘仲明"收罗大体齐备"，但也不由感慨，"云南于唐代，不在文化区域之内，是以遗存之材料殊有制限"。这种云南遗存历史资料不足的问题，一方面固然如陈先生所说，由于唐代它"不在文化区域之内"，而宋代又被划出国境之外，不免受了历史记载的冷落。记得北宋辛怡显《云南至道录》里就曾引用开宝二年（969）官方册封文书中说，让云南王（驱诺），"统辖大渡河南姚、巂界，山前山后百蛮三十六鬼主"，就是以邻为壑，把异族之麻烦扫地出门，所以，来自中原的唐宋文献资料依然有限。另一方面，恐怕是因为中国传统的历史记载，原本就只关注汉族中心区域的朝代更迭、风云变幻，常常并不很留意隔山限水的边陲，所以在常见历史文献中，这一区域的记载总是显得支离破碎。特别是怒江、澜沧江、金沙江流域、横断山脉之间那些非汉族人的生活世界，除了好奇或者猎奇的"采风者"，或者奉命巡视边疆的官吏，偶尔写一些"竹枝词"，画一些"蛮夷图"之外，很少有人真的对它做过深入考察和仔细描述。

可是随着西风东渐，二十世纪上半叶，西洋和东洋的学者纷至沓来，对中国学术形成了巨大冲击。为什么？因为他们的关注重心与传统中国学者大相径庭。他们不仅对"中心"的汉族中国有别出心裁的解释，也对"边缘"的满蒙回藏鲜、苗彝羌傈僳壮都兴趣盎然；虽然对"主流"的儒家一如既往地研究，但对"支脉"的佛教、道教、三夷教、天主教更有巨大的热情；对历史叙述中通常占据显著位置的"上层"文化有新的论述，但对过去历史文献中往往缺席的"下层"却更为关注。这种对于"边缘""支脉"和"下层"的研究，特别表现在宗教学、人类学、地理学、语言学等领域中，一些早期进入中国进行实地调查研究的学者，可以说是"探险家"，可以说是"博物学家"，也可以说是"人类学家"，他们把颇多的注意力，放在现代（西方）文明互为镜像的其他文明之中，把极大的热情投入这片陌生的边陲和少人问津的边缘族群。我面前这部《苦行孤旅：约瑟夫. F. 洛克传》(*In China's Border Provinces: The Turbulent Career of Joseph Rock, Botanist–Explorer*)，主人公就是一个多次深入云南（也曾深入四川、青海、甘肃一带）的洋人洛克（Joseph Francis Rock, 1884–1962），他的本行是植物学，可是，他更是历史学家、人类学家或者语言学家，他对纳西文字、风俗和历史的研究，对云南（以及青海、甘肃、四川）的地理研究，可能与他对中国珍稀植物的研究一样，足以让他在学术史上占有一个重要位置。

一

还得再一次抱歉地说，在没有看到这部书之前，我对于纳西人，以及青海、甘肃那一带藏人和回族的知识少得可怜，基于文献的边疆史或民族史著作，也只能给我一个笼统而含糊的印象。所以，《苦行孤旅：约瑟夫. F. 洛克传》中那些来自洛克日记、手稿和论著的描述，带我走入这些活生生的地域。特别是，它让我看到了一九二〇年代到一九四〇年代，那个在汉藏之间（王明珂语）、中国和东南亚之间（王赓武语）、土司自治与政府统辖之间、各种杂色族群和平民土匪之间，交错复杂的那个"边陲"。

"十九世纪六十年代之前，西方人对云南一带并不熟悉"，不过，全球化和商业利益的驱动，使英国人试图从印度经缅甸（八莫和伊洛瓦底），打通一条到中国的道路，这使得西洋人开始踏上这片土地，这一通道恰恰就是过去中国所谓"西南丝绸之路"。虽然最早是商业性的，但是很快，学术性的探险也开始了，洛克是这群学术探险者中的一员。一九二二年二月，他从暹罗一路向北，来到云南，开始了他二十多年对中国边陲的植物、人种、语言、风俗的种种考察。这二十多年的考察中,洛克经历了多少风险?我没有统计,我只是在这部书中不断看到,无论是丽江、永宁远离中心城市的艰难旅途——要经过今天想象不到的长途跋涉,不期而遇的暴风雪、雪崩和各种流行疾病;还有不断出现的土匪以及族群之间的战争,威胁着他的安全,特别是二十世纪上半叶国民政府的无能,各种军阀、官员、土司之间尔虞我诈甚至是生死相搏,他很可能一不小心就成为牺牲品。用一个当下流行词来形容,洛克在中国的旅程始终"步步惊心",可是,他却始终不渝地要到这片土地上来。

"他是一个怪人,情愿长时期生活在异国他乡,在时空上远离和自己享有共同价值观和文化背景的人们"。作者萨顿(Stephanne Sutton, 1940–1997)女士说,对于读者来说,"大众总是惊叹于探险家超人的业绩和人类承受所有艰难险阻的心理因素",所以,更乐意看到自己不曾见到的奇花异木和充满异域情调的文化现象。但是,对于时刻可能付出生命代价的洛克来说,这种学术探险就是在以生命"殉"学术,因为这种学术对他来说就是宗教,探险就好像我们常说的"有瘾",因为这种上瘾般的痴迷和执着,他一生在植物学、人类学、语言学,特别是有关纳西族语言文字、宗教信仰和生活习俗上,才取得惊人的成就。他的《纳西-英语百科辞典》(两卷)、《中国西南的古纳西王国》(两卷)、《纳西文献研究》(包括对《神路图》的研究和对纳西驱

《滇省夷人图册》之"么些"

除疾病之鬼仪式的研究）等十几种著作，以及他搜集的数以万计的纳西东巴文字资料，使他成为国际上对于纳西东巴文化"开拓性和奠基性的"研究者，尽管在他之前涉猎纳西之学的，还有三个著名的法国人，即拉克伯里（Terrien de Lacouperie，1845-1894，《西藏及周边文字之起源》，1885）、雅克·巴科（Jacques Bacot，1877-1965，《么些研究：有关么些人的宗教、语言与文化的民族学研究》，1913），以及我们这一行最熟悉的前辈法国学者，被洛克斥责为"错误百出"的沙畹（Édouard Émmannuel Chavannes，1865-1918，《有关丽江的历史地理文献》，1912）。

今天，随着丽江古镇、玉龙雪山、泸沽湖的旅游开发以及东巴文字、摩梭习俗、巫师信仰的研究，所谓"纳西"已经不再神秘，可是，在近百年之前，你能想象到这个迥异于中原文明的文化现象存在吗？就是在今天，人们想象纳西族的时候，你能想到，使用东巴文字的纳西人，早在十六世纪纳西人就有汉文《木氏宦谱》，在二十世纪二十年代就和西方人互相沟通，进入过现代性的西方社会和接受过现代的西方文明吗？凭着感觉隔空遥想，不是把一个民族想象成饮血茹毛的蛮夷，就是把这些地区想象成充满浪漫的异域风情，其实去真相很远。特别是，一个有关现代中国学术史的问题始终纠缠着我，为什么有关中国境内各种民族历史和文化的真实描述和客观研究，常常是西洋或东洋学者先来开创，而中国学者只好紧追他们的步伐？像苗族调查，最早是日本学者鸟居龙藏（1870-1953）在二十世纪初叶进行的，而中国学者像样的苗族调查，要到三十年代的凌纯声、芮逸夫及其助手石启贵才着手进行，因此不得不被动地回应鸟居龙藏的问题；而对于云南各族的调查，要到二十世纪的二十年代末之后，史禄国、杨成志、芮逸夫，特别是陶云达，才开始对云南各族尤其是纳西人有了学术性的调查和研究，一九三六年，陶云达在《史语所集刊》第七本第一分发表《关于么些之名称分布与迁移》，才指出丽江一代的"么些"，自称"哪希"（纳西），主要分布在丽江一代，由当地酋长木氏势力范围。

但是，这时洛克已经深入丽江、永宁十几年了。这让我们叹息和深思，学术如果也是竞争，也许正是中国那种外部饱受欺凌而内部无力控制的国家状况，加上现代学术制度和学术视野的缺乏，使得再这种"学战"中，中国始终落入后手。

二

我从不认为，一个人的学术遗产能证明这个研究者的动机纯粹，一个学者的成就高下也并不能证明他个人的品行高尚。古人所谓"文如其人"，多半只是事后诸葛亮一样的说辞。我也并不认为，有关人类学研究资料细致，就一定说明其描述立场正确，有关民族的风俗志水准很高，就一定没有其他意图。从这部传记看，洛克绝不是一个十全十美的纯粹学人，有趣的是，传记作者萨顿女士也并不想把他塑造成一个完人。在这部书中，作者根据洛克本人的日记和书信，描述了一个浑身充满矛盾的人。他用人苛刻，让手下的人每天都要面对他"不断的苛求，忧郁的情绪和尖酸的批评"（46页）；他喜怒无常，因为他有"反道统的个性、出奇的个人洁癖和刚愎自用的秉性"（88页）；作为一个西方人，他瞧不起中国人，"白人的种族优越感赋予他权威"（155页），在中国他用这种白人的特权，居高临下地看待其他人，包括长期侍候他的八或十二个纳西随从；尽管他也常常与人为善给当地人治病和给穷人施舍，愤怒地谴责中国的贫富悬殊和阶级压迫，但他自己的生活极为考究，即使在那种艰难困苦的情况下，他还要随身携带一个"阿伯克龙比·菲趣公司产的折叠浴盆，吃饭的时候还要放上桌布和餐巾，让那个始终跟随他的厨师按照食谱给他做正宗的奥地利风味晚餐"（12–13页）；他虽然出身并不高尚却始终追求贵族式的生活，甚至他还会因为虚荣，吹嘘和夸张自己的学历（46页）。不过，作为学者，他对学问，对于中国边陲地区植物种类和文化现象的近乎痴迷的投入，仍然让我们对他肃然起敬。虽然我没有能力评价洛克在植物学和人类学上的造诣如何，但是，"他在国家地理学会的资助下，洛克收集了六万件植物标本，一千六百件鸟类和六十件哺乳动物的标本"，引起世界有关中国西部珍稀物种的兴趣（20页），而他对中国西部的一系列论著，则"诱发了美国《国家地理》的读者对陌生的国度和异域文化的无穷遐想"（30页）。

我读来最有兴趣的，是有关洛克内心冲突的记载，也许，洛克复杂的内心世界，正好代表了很多观察东方的现代西方学者。感谢作者萨顿女士，她相当公正地指出了洛克内心世界的种种纠结。一方面他对西方文明有很强的失落感，回到欧洲或美国，就觉得浑身不舒服；但是，另一方面当他身处"贫穷""混乱""肮脏"的东方世界的时候，他又极度轻蔑和反感。他在中国享受着西方白种人的特权，以至于回到美国没有用人环伺就颇为失落，但对于中国或者云南少数族群的眷念，常常是因为他在那里享受特殊生活。在那里，"能过上他异想天开的、有权有势的豪奢生活，除了置身于遥远的异邦，除了生活在'次等'民族中间，哪里还有他理想的归宿呢？"（155页）有一段时间，洛克甚至觉得"往后最美满的生活莫过于彻底在云南安顿下来，度过余生"，但是，这种生活的前提是，"可以住着舒适的房子，时时能品尝健康美味的家常小菜，每天还有忠实的仆人在身边伺候着"（337页）。有时候他会觉得，除了北平，中国"仍旧是猪圈式的混乱和落后的生活，充满了奴役、腐败、盗窃、无能和欺诈"（382页）。所以，当他和中国用人发生冲突，他"总是忘了自己生活的国度践行的是一套迥然不同的道德伦理观"（276页），大发雷霆或者尖酸讽刺。作者萨顿一针见血地指出，"是他自己心甘情愿来到中国，去寻求真正的自我的，每当别人的言行不符合他遵奉的欧洲文化标准时，他总会受到莫大的刺激，甚至还觉得倍受屈辱"（276页）。

这让我们对这种学术探险者的观感充满矛盾。当然我们可以说，来中国（或者其他所谓"未开化"区域）来探险和考察的，是一群怀着好奇之心探寻异域风情，参与萨义德（Edward Said）所谓"东方主义"共谋的西方人，但是，我们也要想想，如果没有洛克和一大批敢于冒着生命危险，深入暗昧不明的"边陲"的人呢？人们常常会颂扬罗塞塔石碑的发现，让世界开始破译埃及古文字，从而打开了通向古埃及文化世界的大门，但是，这一改变世界历史的发现不也是一项"殖民者"的副产品吗？我想，学术不一定都要和政治绑架在一起，"一荣俱荣，一损俱损"，凯撒的可以归凯撒，上帝的可以归上帝，不妨对这些"政治不正确"或者"动机不正确"的学术成果多一些同情的理解，向这些敢于冒着风险深入"边陲"发现历史的学者立正致敬。没有洛克的收集、整理和解读，也许我们今天对于纳西东巴文字、风俗、信仰，还可能没有这么深入的理解。

三

说实在话，现在看洛克对于当时中国各种状况的判断，实在让人惊讶他的洞察力。

他并不是一个政治家，他的见解也不一定都正确，但是，他对中国的理解却常常独具只眼，这也许是他深入社会底层和边陲区域的缘故。我们不妨略举几个例子。比如，书中提到他对保罗·门罗《中国：进化中的国家》的批评，门罗在外部观察中国，接受一种历史常识，认为近代中国的灾难都来自近代西方侵略下签订的不平等条约。但深入中国内部的洛克却指出，中国的灾难也来自中国人的"冷漠"，有三亿人（当时中国只有四亿人）并不知道这些条约，他们更直接面对的是"眼前寄生虫般的地方军阀，还有执政官僚，都以压榨民脂民膏和巧取豪夺为荣"，可是，这三亿人却始终沉湎在"马马虎虎对付眼前的窘境，再稍稍承受一下，日子也就挺过来了"这样的心态中，他们唯一在乎的是"面子和成规陋习"（86页）。又比如，对于1930年代初期的蒋介石，当很多人包括外国政治家对统一中国的蒋介石充满幻想，认为他可能是一个带有一些神话色彩的英雄人物的时候，洛克却看出"蒋介石就是诸多军阀中的一员。他认为，从某种意义上来讲，蒋归根结底是中国军阀传统的产物"。虽然他也承认蒋介石"有做大事的勇气和敏锐的军人直觉，还有深切的爱国情怀,和他本人力所能及的良好的从政愿望",但他也很遗憾地指出,美国政府"傻呼呼地全盘相信国民党的政治宣传,一味地认为国民党的确很有可能成就政治大业"(270页,277页)。他很不屑地抨击自己的同胞说,美国政府总是受到传教士误导,原因是"这些传教士身在中国,理应对中国的情况有一番清醒的认识,可是,他们担心的是一旦讲出中国混乱的政局真相,他们的活动就再也得不到政府的资助,因此他们总是以讹传讹"(270页)。

这种判断,也许和他"进入中国"的方式与其他观察者不同有关罢。他虽然也在北平、上海、昆明这些大城市待过,也与很多上层文化人、驻中国使领馆官员和外国记者接触频繁,但是,他毕竟更多深入边陲和底层,了解的是一个真实的中国。他在华西看到"到处游荡、成群结伙的士兵",在云南看到满大街的乞丐,在兰州看到国民政府军队、回民和藏人之间的厮杀,"到处是战争和骚乱,实在是寸步难行"(276页)。特别是,边陲各族之间的残酷战争,使得这个国家处于极度的混乱中,1925年,他看到以拉卜楞寺为中心出现的藏民、回民和汉人之间的纠纷,"藏民本就对回民怀恨在心",反回民的情绪激烈,汉人一面扮演着旁观者的角色,一面却想着"消除回民在甘肃西部地区的统治势力",而回民的历史记忆中对清廷19世纪镇压的恐惧,则使他们效忠于马麒,他们肆意掠夺拉卜楞寺周围藏民的财产。洛克指出,国家对于这一地区的失控一筹莫展,可是无论在国际还是国内,无论是政治家还是知识人,却只是注意到同时在沿海发生的"五卅惨案",注意到西方列强带来的诸多苦难(129-130页)。

因此,这个看上去有些像探险狂人的洛克,常常有一些不同于历史学家、外交官员和新闻记者的敏锐观察,他的经验常常能够让他有出人意料的洞见,这种经验对于"他者观察"偏偏极为重要。不妨举两个例子。他曾再三郑重指出中国农民问题的重要性,他在甘肃的经历使他发现,无论是国民政府的军队,还是地方军阀的军队,都觉得从农民身上狂征暴敛是正常的,于是,一种乌托邦式的"共产主义理想有吸引中国千百万农民的潜力"。尽管他并不希望共产党夺取中国,但他认为,忽视了这一点的蒋介石,恐怕无法解决中国的问题,他预见到,蒋介石"根深蒂固的保守的价值观"只能植根于中华帝国的过去,最终他会被重视农民的毛泽东取代(304页)。同时,外国人也不能拯救中国,因为他们一味希望中国开放,让农民走工业化道路,他感到非常惋惜和不安。他觉得,"中国需要一个像样的政府,普及的教育,还需要引进讲卫生的生活习惯和西方的医学技术,从而引导人民过一种健康的日常生活"(307—308页)。应当承认,无论他的见解是否全面和有效,但他确实看到了别人忽略的问题。另外,他也告诫西方人,要懂得在对边陲地区的管理制度上,中国的情况非常特殊也令人不安。在清朝普遍实行"改土归流"之后,当地土司头人一方面在本地有生杀大权,但另一方面又受到当地衙门控制,当地衙门又受到省级官僚管辖,一层又一层的权力似乎有所控制,但问题是,一切权力的来源则在皇帝那里。当清朝崩溃权威失坠,秩序就乱了,"权力纯粹取决于军阀手中的武力"(204页)。他指出,"从理论上来说,中国的政治制度采取的是一种大一统的结构,但是对'野蛮人'居住的边疆地区,帝王时期的中央集权政府并没有施以全盘控制,而民国时期,政府对边疆地区的管理就更为松散了"。可是怎么办呢?"如果政府力图派大批武装力量进入这些边远地区,也许能一劳永逸,把这些尚未开化的地区和人口纳入中央集权的管理体制之内,但结果显然得不偿失"(204页)。为什么"得不偿失"?日后中国的变化和发展,显然给他的论断做了注脚,让人不得不深长思之。

四

　　话题还是回到洛克的本行来。我说的"本行",指的不是他真正的本行植物学,而是后来为他赢得世界声誉的中国民族学特别是纳西研究——

"在深深的峡谷和高达两万多英尺的远古山脉的斜坡上，在去往中国西藏的西部入口处，生活着一个土著部落，汉人称它为么些（Mo-so）。这个部落远离中国北部和东部的汉族文明，僻居一方，几乎与世隔绝"。1924年美国的《国家地理学会杂志》第五期上洛克撰写的《纳西人驱逐使人致病之恶鬼的仪式》一文的开头如是说，这是洛克有关纳西文化的第一篇论文（引自杨福泉等编《国际东巴文化研究集萃》27页，云南人民出版社，1993）。据说，在这篇论文之后，一个"僻居一方，几乎与世隔绝"的神秘世界，就像云开日出的玉龙雪山一样，逐渐向世界敞开大门显出真相。我没有能力评价洛克在这个领域的成就，不过，正像一个德国学者普鲁纳尔（G.Prunner）所说的，"当对云南纳西族的研究正在发展为一个颇具特色而专门化的学科时，洛克的去世，使它不得不停留在这个发展阶段上"，最后这句话，意思就是说，纳西之学几乎就是洛克一个人开拓出来的一个领域或者一个学科。这也许有些夸张，但是，当你看到哈佛燕京图书馆收藏的他收集来的那些纳西东巴文书，看到他所拍摄的众多旧照片，看到他几十年间出版的种种著作，特别是，看到现代中国、日本、欧美学者有关纳西文化研究的著作中，洛克的著作在注脚中被反复引述，我们至少可以知道，半个世纪前已经去世的洛克，这部书的主人公，是一个多么了不起的"开创和奠基"的学者。

洛克收集的纳西东巴文书之一，现藏哈佛燕京图书馆

在哈佛的第一个月，承蒙译者李若虹博士赠送，我抽空读完了这部刚刚出版的《苦行孤旅》中文版，匆匆写下了这篇急就章式的读后感。在这里，我还要特别表达我的两点感慨。首先，是作者萨顿女士的知识让我极为吃惊，一个植物园主任的秘书，一个没有到过中国更没有接触过纳西、藏、回的女性，早在一九七〇年代初，如何能够写出这样一部需要丰富知识的传记！凡是整理和使用过档案、日记、公文来撰写传纪的人都知道，从那些凌乱潦草的字迹中，清晰地梳理出一个人的一生，一个人复杂的内心，是何等的困难！尤其是一个并非中国学家的人，要准确描述出传主洛克在一九二〇到一九四〇年代所处的中国复杂的政治、社会和文化环境，是何等的不容易，可萨顿女士的叙述却出人意外地准确和深刻。其次，是译者李若虹女士对这部传纪的翻译，译文不仅清晰流畅，而且这一涉及了边陲地区复杂历史、族群、人物、地理的传记，实在需要太多的知识，也需要查阅太多的专业书籍。尽管李若虹女士是出身哈佛的藏学博士，但是，这部传纪涉及的，却并不全是她的专长藏学（尽管纳西人也与藏人有关），我惊讶地发现，译者添加的注释，来自相当多专业的论著，而补充进来的很多旧照片，则来自哈佛燕京图书馆，无论是译者注对正文的补充说明，还是老照片给我们带来的视觉冲击，都让我们对于这部书的主人公洛克的那一段中国生涯，增添了更多的理解和感受。

(写于二〇一四年)

【按：斯蒂芬妮·萨顿著，李若虹译《苦行孤旅：约瑟夫·F·洛克传》，上海辞书出版社，二〇一三年十二月。】

当"暹罗"改名"泰国"
——从一九三九年的往事说到历史学与民族主义

一

一九三九年七月,还在香港养病的"中央研究院"院长蔡元培,收到外交部来函,询问:"关于暹罗人改称泰施,其来历与中国之关系如何?"蔡元培立即把此函转发给史语所,让史语所进行研究。同年的八月九日,收到史语所回函,"送暹罗改称泰国、暹罗人改称泰人诸问题论文,请转交外交部"(《蔡元培日记》一九三九年七月二十三日,643页)。现在,我们一时不能查出究竟史语所送呈院长的是什么人写的,什么内容的论文,但这件事情的来龙去脉,倒是很清楚的。

一九三九年,以銮披汶为首的泰国政府,在暹罗鼓动"大泰族主义",特别是一方面在当时深入东南亚的日本鼓动之下,一方面在当时流行的"民族国家"(即所谓"一个民族一个共同国家")的理论刺激下,号召要统一所有邻国中的一切泰人,建立自己的大泰国。一九三九年五月二十五日,泰国艺术厅厅长銮威集瓦他干发表演说,说大泰族的分布超越了暹罗国境,在中国广东有七十万、贵州四百万、云南六百万、四川五十万、海南三十万、越南与老挝两百万、缅甸两百万。而且"滇、黔、桂、粤至越、缅各地的泰族,闻暹罗亦有泰族而喜,故须唤起泰族,团结合作,领导泰族,进于繁荣"。这一年六月二十四日,暹罗正式改名泰国(Thailand),政府公告中说:"基于本国国名,素被作二种称呼,即'泰'与'暹罗'。唯民众则多喜称'泰'。政府为依民意,故更改国号及国籍。"

暹罗改名泰国，在当时的中国引起震撼，一时间议论纷纷。很快，吴逸生在《现实》第二期上发表《暹罗改国名曰泰》，郑重告诉国民"这是一件含有极大的政治野心的动作"；苏鸿宾在《南洋研究》第八卷第三号上发表《暹罗改变国号之意义》，指出暹罗提倡大泰主义，是"明明效法希特勒之借口，与日耳曼民族分布于中欧东欧者需听其团结合并而为一国之说相同"。国民政府的外交部也敏感地察觉到，泰国改国名，排斥华人，奉行大泰族主义，对于正在艰苦抗战的中国是一种威胁。当时的很多人都认为，这是日本侵略阴谋怂恿下，泰国政府主导的一次民族主义运动。因此，特别担心这会引起国内所谓"泰族"甚至包括苗族、彝族的独立倾向。

特别是，这一波风潮与当时汪精卫之叛变，日本南进策略、国内苗族复兴倾向相互呼应，是否会掀起一股分裂中国的波澜？

二

最早察觉这一趋向的历史学者中，第一个可能就是史语所所长傅斯年。

一九三九年二月一日——那时暹罗还没有宣布改名——他给顾颉刚讨论边疆问题的一封信中，就提醒顾颉刚注意，"今日本人在暹罗宣传桂、滇为泰族Thai故居，而鼓动其收复失地"（《傅斯年致顾颉刚[一九三九年二月一日]》，《傅斯年遗札》，954页）。可能是在傅斯年的提醒下，六月暹罗宣布更改国名之后，国内气氛紧张，议论纷纷，作为一个关注"中华民族是一个"的历史学家，顾颉刚在十一月五日的《新中国日报》上，就以"顾铭坚"笔名发表《中国人应注意暹罗的态度》一文。在文章开头他就问："暹罗是一个独立国家，改国名是其自由，为什么改为'泰国'便和我国发生关系了呢？"

在民族危机时代的史家顾颉刚，对通过历史学论述捍卫国家统一有很强的责任感。他强调说，暹罗在历史上是中国的朝贡国，又得了中国的无数好处,"不止靠中国人救回来,也是靠中国人充实起来,……中国确实是暹罗的母国,暹罗的种族、文化、经济诸端,无一不是我们中华民族所孕育长养起来的"。可是,现在的暹罗傍上了现代化的日本,居然要"造出理由以抢夺我们的国土"。

为什么顾颉刚说是"抢夺我们的国土"?他说,因为他们这一民族即"泰(Thai)",英文为"Shan",中文和日文中有"掸",《后汉书》有"掸国",这个国家原本在缅甸(在今缅甸掸邦),但日本学者怀着"独霸东亚"的野心"杜造历史",说自古掸国等就是一族,他们都是泰族。当时日本对东南亚包抄拉拢的局势,让中国学者特别注意到暹罗改名的日本阴影,也看到这种历史叙述背后的政治意图。因此他指出,暹罗的一些鼓吹"大泰族主义"的人,就宣称包括中国的云南、贵州和广西的好些非汉民族,尤其是云南西南的摆夷,都是泰族。由于暹罗把它当作自己的来源,并且在建立大泰族国家的口号下,宣称"凡是泰族人都应当属于这个国家,凡是泰族人以前诸国的土地都应当还给这个国家"。

顾颉刚非常愤怒,他说,"暹罗改国号一事,和我国西南边防是有重要的关系的"。

三

民族主义向来是一柄双刃剑。

在面临外敌侵略和国族危机的时代,正义的民族主义常常是国族凝聚力和动员力的来源,在和平的国际秩序和合理的全球贸易时代,狭隘的民族主义(尤其是政治民族主义)往往造成人类之间的敌意。民族主义立场影响下的历史研究也是如此,我一直强调,历史学一方面当然有唤起民族认同的意义,但另一方面也应当有促成世界意识的作用。可是,当民族主义的正义和热情影响到历史学,甚至干预了对是非真伪的判断时,它也会导致历史判断偏离甚至走向极端。暹罗更改国名的事件,就影响到一个原本纯粹历史学的判断,即暹罗或泰族,是起源于中国云南吗？历史上的南诏大理是泰族建立的吗？他们是因为汉代和元代的压迫被迫南迁的吗？

十九世纪下半叶到二十世纪上半叶，国际学界主要是欧洲东方学界，对于"泰族"或"暹罗"的历史，往往支持一种说法，即（1）泰族起源于云南（甚至起源于中国内地），被汉族（如诸葛亮）、蒙古人（忽必烈）一次又一次的侵略而被迫南迁；（2）古代的哀牢夷（汉代）、孟获（三国）就是泰族；（3）南诏（唐）、大理（宋），都是泰族建立的国家。这些说法，得到很多西洋、东洋学者的研究支持。中国学者陈吕范曾列举出不少例子，比如"汉族压迫泰族南迁"，是法国人拉克伯里在《掸族发源地》(*The Crable of the Shan Race*，这篇论文原本是A. R. Colquhoun的*Amongst the Shans*一书的"导言")中提出来的。他说，汉人的祖先是公元前二十三世纪才从中亚进入中国的，然而在公元前二二〇八年，掸族就已经在中国建立了自己的国家，而掸族的祖先，发源于四川北部和陕西南部；而著名的法国东方学者伯希和（Paul Pelliot）也主张，南诏就是泰族建立的国家；而英国人戴维斯（H.R.Davies）《云南：印度与扬子江之间的连线》(*Yunnan, The Link Between India and the Yangtze*, Cambridge, 1909) 更认为，掸族发源于广东。这个说法得到德国克勒纳（W.Credner）的赞成，二十世纪三十年代克勒纳在《南诏故都考察记》(*Cultural and Geographical Observations Made in the Tali Yunnan region with Special Regard to the Nanzhao Problem*) 中，也说掸族是从华南热带地区迁徙过来的；而美国传教士杜德（W.G. Dodd）的名著《泰族——中国人的兄长》(*The Tai Race, Elder Brother of the Chinese*, Iowa, 1923) 则认为，泰族属于蒙古血统，是比希伯来和汉人更古老的民族，远在公元前二二〇〇年中国人来到之前，就已经是中国土地上的主人，其故居在阿尔泰山一代，以后逐步由北方迁入中国，公元前六世纪又从中国中部迁入南部，再从南部迁入印支半岛（参看陈吕范主编《泰族起源与南诏国研究文集》，2005）。

被誉为"暹罗历史之父"的丹隆·拉查奴帕亲王（Damrong Rajanubhab, 1862–1943）一九二五年在朱拉隆功大学关于暹罗历史的系列演讲，后来被编辑为《暹罗古代史》一书，大致就是这样叙述暹罗的历史的（丹隆《暹罗古代史》，有王又申中译本，1930。由于此书中译本错误很多，曾被许云樵等人严厉批评）。而集大成的英国学者吴迪（W.A.R. Wood）《暹罗史》（*A History of Siam*）就接着这些说法，认为在公元前五八五年（东周简王元年）以前，中华帝国只是在长江以北，长江以南都是蛮夷，"其中泰半殆为泰族，皆系今日之暹罗人、老挝人，与乎掸诸民族之鼻祖也"。他们是在耶稣纪年一世纪，才"相率南移，达今之掸国北部一带之地"。他强调，南诏就是泰族所建王国，早在公元六五〇年（唐永徽元年），"泰族复告独立，且蔚然成为强盛之帝国"，只是"公元一二五三年，南诏（或大理）为忽必烈汗（元世祖）所征服，此为泰族帝国之终局，而其结果即促成泰民族大量南迁"（《暹罗史》第一章，陈礼颂中译本，1947）。

<h2 style="text-align:center">四</h2>

但是，中国历史学家却坚持另外一种立场。

站在中国立场上，历史学家们的解释是，（1）泰族确实是中印半岛北部和云南南部起源的，它本来就是"中国"境内的一个族群；（2）如果追溯早期历史，他们就是生活在这一带的"掸国"，即《后汉书》中的《和帝本纪》《安帝本纪》《顺帝本纪》中记载的"永昌徼外蛮夷及掸国"。他们曾向汉朝进贡，汉朝授以金印紫绶。特别是史料记载，永宁元年掸国国王雍由调曾经遣使朝贺，"献乐及幻人，能变化吐火，自肢解，易牛马头。又善跳丸，数乃至千。自言我海西人。海西即大秦也。掸国西南通大秦"。当时，汉安帝封掸国国王雍由调为"汉大都尉"，说明它很早就纳入了汉朝的朝贡圈。（3）考古发现的元谋人和各种遗物，说明掸国是"红河以西，到伊洛瓦底江上游，延至印度曼尼坡，广阔的弧形地带，即古代掸人之地"；（4）讲泰语的古代掸人，在与讲高棉语的扶南和真腊，讲越语的安南，讲缅语的骠国，讲彝语的南诏，在互相联系和冲突中，一直到十八世纪，才逐渐形成了现在泰族的族群和疆域

(如方国瑜、陈吕范等，参看陈吕范主编《泰族起源与南诏国研究文集》)。

这里的关键是，如果泰族是永宁元年来朝贡的掸国之后裔，自汉代就是"汉大都尉"，那么，它从一开始就是中国境内族群之一；如果泰族作为一个整体族群，是在十八世纪才逐渐成型，那么，南诏、大理就不可能是泰族建立的国家，泰族也就谈不上被汉人或蒙古人压迫而南迁；如果现代中国的版图内发生的历史就是中国历史，而中国自古以来就是一个统一国家，中国境内各族应当是整个的中华民族，那么元世祖忽必烈征服大理就是客观上促进了大一统疆域的形成。早在一九三六年，方国瑜就在《益世报》发表《僰人与白子》对西方学界，尤其是伯希和有关泰族为南诏国之说法提出反驳，指出南诏并非泰族建立的国家。暹罗改名的一九三九年，方国瑜更发表《读伯希和交广印度两道考》，其中"南诏所用之文字"一节，驳斥伯希和南诏通用可能是缅甸文的说法，着意指出南诏遗留的石刻、铁柱铜炉和诗文通用汉文，民间可能通用僰文，强调南诏、大理与内地汉文化的联系（收入《方国瑜文集》第四辑，377页）。在方国瑜的论文中除了学术批评之外，也常常可以看到"险恶用心"，"无中生有""谎言无耻"以及"为殖民侵略服务"等充满情感色彩的语词（方国瑜《中国西南历史地理考释》上册，367-369页）。顺便可以一提的是，直到现在国内学者仍基本主张，南诏、大理与泰族无关，是由彝族、白族的先民，即乌蛮和白蛮建立的"地方政权"，而忽必烈灭大理，是"铲除了唐宋以来南诏、大理五百余年的割据局面，则是对中国社会发展作出的一大贡献"。

但是，日本在"二战"时出于某种侵略野心，不仅在政治上极力支持大泰国形成，怂恿暹罗鼓吹"汎泰主义"，而且在学术上支持泰族起源云南，南诏、大理为泰族，以及元世祖征服后泰族南迁说。面对异国侵略和国土分裂，学者立场为针锋相对而往往偏向一侧。国内一些历史学家在讨论暹罗和泰族问题的时候，就特别强调，暹罗接受多少中国的好处，泰族受到多少汉文化的影响，就像前引顾颉刚所说的那样。著名的学者陈序经甚至在《暹罗华化考》一文中，引用《大明一统志》卷九十《暹罗国》的话说"暹乃汉赤眉种",还说,如果这个话可靠,那么暹罗人本来"就是中国人,而其文化也完全是中国文化"(《东方杂志》第三十五卷二十一号)。陈序经当然注意到"暹罗人的大汰主义"和日本人的"大陆政策"一样,"都是侵略的口号"(陈序经《暹罗与日本》),但是把暹罗人说成中国人甚至"汉赤眉种",这个说法也太过偏颇,史料依据也实在缺乏。所以,当时专门研究过暹罗史的许云樵,就在《读暹罗华化考》一文中,针对这些说法在史料、文化、语言方面提出了很不客气的批评,并说,"暹罗的染濡华化,当然是不可否认的事实,然而较之印度化,相差犹远,这是稍加研究暹罗文化的人所公认的事实"。

"立场"使得有关南诏大理国家与族群问题的历史学研究,染上了浓重的政治和时势的意味,有人干脆在论文中,把"泰国"的"泰",写成"埋汰"的"汰"。

五

当民族主义或政治意图支配了历史研究,历史研究很难超越"立场"。

最后讲一个有意思的旧事。在暹罗改名泰国之后的第三年,也就是一九四二年,民国政府评"蚁光炎奖",蚁光炎(1879–1939)是泰国华侨,也是支持暹罗抵抗日本的领袖,后被暗杀。当时,中国政府用他的名义设奖,显然是在表彰东南亚抗日华侨的精神。然而,当评审委员会把田汝康《摆夷之摆》一书评为第三名时,傅斯年却非常警惕。他说他偶然看到这一消息,"顿觉此事大有毛病",便立即给朱家骅、翁文灏、叶企孙写信,指出这部书是调查"芒市那木寨的宗教活动",与评奖原则中"专给予研究泰国、越南、马来亚之历史、地理、文化、经济而有重要成绩之中国人"一条不合。它不仅"不在本奖金范围之内",更重要的是,这部书研究的是"摆夷",而摆夷就是泰族。傅斯年说,"全中南半岛之泰族多矣","全中国说泰语者,恐有二千万人,皆中国人也",可是由于暹罗近年来"不知自量,要玩大泰主义","以云南、广西为其失地"。他强调,属于中国的云南西南部包括芒市,本来"以受南支佛教影响,颇有离心力",如果政府再把本来专给外国研究的奖金,给了研究云南芒市中国人摆夷的田汝康,那么就等于"将云南划归中南半岛,且显示泰国研究课包括云南一部之人,与暹罗政府之妄言吻合"。所以,傅斯年强力主张删去这个第三名。

傅斯年曾说过一段非常有意思的话,"学问不应多受政治之支配,固然矣。然若以一种无聊之学问,其恶影响及于政治,自当在取缔之例"。可问题是,什么是纯粹的学问?什么是无聊之学问呢?在国家面临危亡之际,民族情绪充斥之时,这还真不是一个容易回答的问题。

(写于二〇一八年)

[辑四]

普镇琐记

从二〇一〇年到二〇一三年的四年里，担任普林斯顿全球学者，能够每年去普镇小住，这是我近年来最愉快的时光。无论是在胡适曾经担任过馆长的葛思德图书馆，还是在爱因斯坦曾经待过的办公楼，抑或是常常可以看见约翰·纳什的食堂，你总是能感受到这里浓郁的文明和知识。更何况在这里，常常有机会和余英时先生见面，和余先生见面和聊天，成了这几年最珍贵的记忆。

每逢花时
——二〇一〇年普林斯顿纪行

一、普镇的春天印象

刚到普林斯顿,还是早春季节,住在劳伦斯公寓,公寓后面是高尔夫球场,侧面有密密的树林,在树林中到处是残枝。据说,前段时间天气异常,下大雨刮大风,甚至有两三人合抱粗的大树,也被风雨劈断倒在草丛中。褐色的断树和潺潺的溪水,让人觉得好像冬天还没过去,到处没有绿色。但奇怪的是,这里并不给人残山剩水、枯枝零落的感觉,因为树丛中,已经有星星点点的黄色迎春花,也有些不知名的红色花苞,显出春天的生机。仅仅半个月以后,这里真正进入春天,风景就大不同了,似乎刹那间便川原红绿、花团锦簇。除了迎春花开得黄灿灿地发亮,还有处处满树的玉兰花,白色的开了又谢,花瓣立着变成倒挂,紫色的接着又开,像汉代陵墓中发现的九枝灯一样,淡淡红色的樱花插

在白色的玉兰中间显得很艳，低头看去，地上处处是黄蕊白瓣的洋水仙。到我离开普大的五月初，中午太阳下，洋人都已经穿了短裤汗衫，白色的威尔逊学院后面，喷水池中居然已有小孩戏水。

这个春天里，我每天到东亚系去看书。东亚系所在的Jones Hall是一座老楼，因为原来有爱因斯坦办公室，又因为后来得到奥斯卡金像奖的电影*Beautiful Mind*在这里摄制，所以感觉上很熟悉。这座建筑奠基时间是一九三〇年，我之所以能记得这个时间，是一次到余英时先生家，余夫人送我一张余先生在Jones Hall旁的照片，照片上有这座楼的定基石，上面就刻着"1930"的字样，余夫人说，余先生和这幢楼同龄，因而注定要和它相伴并在这里退休。值得一提的是，这座楼的202室是一个雅致的会议室，正中间挂了台湾著名艺术史研究者傅申教授题写的字"壮思堂"，把Jones Hall译作"壮思堂"，真是很妙。

二、演讲与课程：呼应与差异

我在普林斯顿最重要的正式活动，就是在Jones Hall-202即著名的"壮思堂"的报告。事先没有想到会有这么多人来听，大概操持此事的艾尔曼（Benjamin Elman）教授也没有想到，所以事先准备的复印材料不够。

在开场前，我先讲了一下闲话。"胡适六十岁生日那天，也是在普林斯顿，我比胡适小六十岁，我也将在普大度过我的六十岁生日，这似乎很巧合。胡适当年在这里度过六十岁生日的时候，心情很黯淡，乘火车回纽约时，想到自己有心脏病，人寿保险也不接受了，所以，周质平说是他'黯淡岁月'，我是否也将黯淡？不好说。不过，他当时写了一个《生日决议案》，说如果生命不长了，那么他要还一生的文债的话，第一个就是写完他的思想史，可见胡适和我都在关注思想史。"听众都笑起来了。我随即转入正题，从这里开始讲《思想史为什么在当代中国如此重要》，从听众反应上看，似乎还受欢迎，东亚系的柯马丁、韩书瑞、太史文都来了，连普大国际教学与研究委员会的Diana也特意来听。特别有趣的是，当我的四十分钟报告结束后，主持人，也是我的老朋友周质平教授兴奋得只顾自己评说，几乎忘了事先安排的评论人汪晖的存在，一直到我提醒才把时间交给汪晖。在汪晖五分钟的简单评论后，袁清（袁同礼之子、退休大学教授）、柯马丁（普大东亚系教授）、王晴佳（罗文大学教授）等人提出一些问题，包括中国思想史为何不涉及经济观念问题，福柯的影响、一八九五与一九八九之间的连续性问题、新资料和清华简《尚书》、文化史和思想史的关系等。

按照和东亚系的约定，我在普大有很简单的工作，就是分别给宗教系太史文（Stephen Teiser）教授和东亚系艾尔曼教授的Seminar讲两次，题目是《中古道教仪式》和《东亚研究的新史料》。太史文教授的课上有十四人，我用三十分钟讲了一下中古道教变化，然后一一解释《洞玄灵宝五感文》中的内容。在讨论的四十多分钟里，有人提到"神圣化"和"世俗化"翻译的问题，有人提到道教坛场和曼荼罗的象征性问题，有人说到道教何以不如佛教，缺乏影响的问题，也有人提到福柯理论的适用性问题。在艾尔曼的课上，居然韩书瑞教授也来了，大约有二十几人，我讲得时间稍长些，因为要做注释性的导读，休息之后才接着讨论。学生们提出的问题包括（1）中日越韩上流社会的记载与下层民众的观念之间，有无异同？（2）是否燕行文献主要涉及中国北方而日本长崎资料主要来自中国南方？（3）日韩越文献的版本问题；（4）文献中有无各国自己的偏见；（5）明清之间的变化，是否就一定导致认同之分裂？我一一回答。

晚上，韩书瑞和艾尔曼教授陪我去马来西亚餐厅吃饭的时候，韩书瑞教授还在就这些问题和我进行讨论。看来，在中国历史领域，中国和美国学者之间也还是可以有很好的互动和回应的，未必都是"聋子的对话"。

三、捎带的活动：在费城、罗格斯、纽约与安娜堡

在普大的那一个多月里，半是休息，半是工作，顺便也参加了几次活动。

第一个活动是在费城参加今年的AAS，即美国亚洲年会。这个会三月下旬在费城召开，还没有调好时差，我就和香港赶来的郑培凯教授匆匆赶去，住进大会统一预订的Marriott饭店。饭店在费城Market St，临近市政厅和Macy's商店。饭店的背后，有一个"大食堂"似的Market，卖万国快餐，正值中午饭的时间，会议并不管饭，所以人们都到这里来找吃的，于是让我见识了什么叫"人头攒动"，什么叫"熙熙攘攘"。

美国亚洲年会和一些学术大Party一样，未必一定有什么学术上的目的，其实就是一个朋友聚会的机会，来的人多得仿佛是赶集，可以用"过江之鲫"来形容。就在这个大食堂里，我不时遇到好多新雨旧识，像加拿大UBC的丘慧芬和杜迈可，达特茅思学院的艾兰和邢文，洛杉矶加大的胡志德和清华的汪晖，圣巴巴拉加大的艾朗若，哈佛的汪悦进、欧立德，罗文大学的王晴佳，台湾"中研院"近史所的黄克武，以及老朋友葛剑雄、齐东方等。美国亚洲研究年会也是一个亚洲研究的图书展览，各个出版社都设了展台，把各自有关东亚的图书陈列起来，也提供很多即将出版的新书目录。在书展上最容易见到熟人，好些朋友来找我谈，除了以前的学生清华大学的刘国忠之外，还有现在在美国任教的陈怀宇、赵刚、黄士珊，还和特别赶来的高教出版社Frontiers of History in China的编辑丁海燕，特意聊了聊她们刊物的事情。

第二个是Rutgers大学真武大帝的讨论会。那是在四月初，Rutgers大学的刘迅希望我去参加。我答应了，那天早上，便搭了韩书瑞教授的便车，一同去位于New Brunswick的Rutgers大学的会议中心，参加孔子学院赞助的（儒教赞助道教？）"中国历史与社会中的真武崇祀"讨论会。到了以后，才发现原定参加的中国学者因为签证问题不能来，我意外地成了唯一来自中国大陆的人。其他有美国和日本、法国的学者七八

133

人，好在老一辈的于君方教授和同辈的韩书瑞教授都来了，去年认识的朋友，哈佛大学东亚系的罗柏松（James Robson）也来了，此外还有法国的德宝仁（Pierre-Henry de Bryun）、加拿大Alberta大学的女教授Jean Di Bernaldi，以及过去认识的刘迅、王刚等，讨论得倒也很热烈。

第三个是参观纽约大都会博物馆。普林斯顿到纽约很方便，搭火车只要一小时，随时都可以去。这次特意去看中国馆的专题展览，但近期主题展览是"谢稚柳绘画展"，这对于我来说不大有意思，只好看例行展览。其中，门口大厅有北齐的四面佛石祠（Shrine with four Buddhas）与波士顿博物馆的相仿佛，看来中古北方多此类；而北魏孝文帝浮雕石刻（Emperor Xiaowen and His Court）恐怕就是《礼佛图》。当墙正面，一个元代山西药师佛壁画，极具震撼。在馆内仔细看了汉代陶制双俑六博戏、北齐至隋代一石棺座，甚有意思，也看了一下《大唐故徐府君墓志铭》（盖与铭俱全，徐德闰为舒州同安县令，原为高平人，垂拱四年卒，永昌元年贬于北邙）。又顺便去附近拜访了一下胡适旧居，旧居在东81街104号，是一幢红砖的公寓，从外面看起来，房间不会很大，作为一个退任驻美大使、北大校长、二三十个名誉博士头衔拥有者，一旦作了寓公，却只能住在这样的地方，也让人唏嘘，难怪周质平说1950年代初是胡适的"黯淡岁月"。

第四个是去密歇根大学演讲。从纽瓦克飞抵底特律，只要一个多小时，飞机提前到达。一个自称来自东欧的司机到机场接我，半小时车程即到了安娜堡（Ann Babor），入住Campus Inn。窗户对着两个教堂，看起来还满有味道。

七八年前，我曾经到访过这里，但是没有好好游览，只留在印象里的是这里有点儿像欧洲小镇。当晚无事，密歇根大学东亚图书馆的杨继东先生陪我到处看了看，镇子比普林斯顿热闹一些，据说是因为学生有三四万人的缘故（普林斯顿只有六千学生），所以，城镇也比较大。在Down Town，颇有些灯红酒绿，正好碰上电影院开场，居然会排长龙。第二天下午，到比较文学系讲《利玛窦之前古代中国的世界观》，本系的David Porter教授主持,不多的听者中,有比较文学系的唐小兵,有图书馆的杨继东,有做宋史的裴志郓(christian De Pee)等,还有几个东亚研究的年轻人。

讲完之后,有人问何谓"汉族中国",有人问中国自我中心的观念与英国自我中心观念之差异,有人问的是什么时候中国人也讲"世界"这一词。我一一做了回答,似乎气氛还好。有些吃惊的是,美国也和中国一样注重形式,一个小小的演讲,居然也摆了饮料和点心,但忙于答问,也忘记了去享用。

四、普大有关中国的Seminar:青铜钟和《盐铁论》

和普大宗教系博士生一道,到普大艺术博物馆Marquand图书馆二楼,听有关周代铜钟问题的报告,这是艺术史系关于曾侯乙编钟研究的workshop,一个来自西雅图华盛顿大学的王海成(音)讲Ancient China as a Culture of Bells,来参加的人居然有裴德生、贝格利、史嘉伯和艾尔曼等。我总觉得,讲者心中好像有一个大框架,提纲一开头提出*Why is there a need to write a new book on Chinese bells?* 问题是,他的讨论主要围绕在南方(尤其是湖北以及江西、湖南一带)出土的各种铙、甬钟、编钟,他指出它们与北方(以陕西、河南为中心)的各种青铜器的相似性,并且以西周曾南征荆楚之事例说明,西周文明存在于南方,故铙、甬钟和编钟有一种联系。这个话题其实涉及面很宽,他最后的问题是,What happened to Musical bells in early Imperial China? 离开之后,我一直在想,这个问题是否太大了。

另一天,在"壮思堂"听UCLA的史嘉伯(David Schaberg)关于《盐铁论》的报告(*Purposes of the Discussion on Salt and Iron*),他主要用的是细读和翻译的工夫。讨论围绕着《盐铁论》如何成为《盐铁论》。他的报告有两点可记:一是他注意到《汉书·公孙刘田王杨蔡郑陈传》的"赞曰"中,有"当时相诘难,颇有其议文","(桓宽)推衍盐铁之议,增广条目，极其论难，著数百言"，故一定是后见之明；二是注意到《汉书·公孙刘田王杨蔡郑陈传》的"赞曰"引用桓宽语有"观公卿贤良文学之议，异乎吾所闻"，而《盐铁论》中的桓宽的"杂论"本来中间还有一段，后面则作"异哉吾所闻"。所以，他的翻译中特别注意把前一句译作This is different from what I have heard，而把后一句译做This is different indeed from what I have heard。

洋人也许阅读中文没有我们顺溜，不过也因此会比我们读得仔细。

尾声

也许是难得浮生一个半月的休闲时光吧，现在留在脑海里的，多是普林斯顿大学古色古香的楼群、百年前古运河的流水、花园之邦里春天的阳光、普大小火车的汽笛和Nassau街上的风景、葛思德东亚图书馆丰富的书库，当然，更有和余英时先生几次愉快的长谈。

这是一个那么贵族化的学校。小镇上没有麦当劳、肯德基和汉堡王，据说，这是维持精英化的市民坚持不准大众食品进入，以维持讲究品味风气的结果。看看威尔逊学院那条街的两侧，那里有那么多精致小楼，据说，都是学校出租给大学生联谊用的会所，为了沟通大学生之间的情感，使他们有出身普大的认同。我不能判定这种多少有些贵族气的做法是否好，不过在普大，这个传统已经连续多少年，它只有几千学生，没有赚钱的商学院和影响巨大的医学院，居然始终能和哈佛、耶鲁等大学打成平手，至今仍排在世界大学榜首，或许这也是一种教育模式吧，在普遍的文化沉沦、知识平庸和操守崩溃的时代，精英化和贵族气，是否也仍有一种价值呢？

(写于二〇一〇年)

日日是好日
——二〇一一年重访普林斯顿

二〇一〇年是三月下旬到普林斯顿的,我曾经写了一篇文章,记述了那一个多月的生活。二〇一一年赴美,比二〇一〇年晚了半个月,春天比我们到得早,寒冬的风雪早就无影无踪了。所以,尽可以充分享受春日融融的大好天气,应了那句话"日日是好日"。我很奇怪的是,这里为什么总是阳光明媚,天色一碧如洗,高树树叶嫩绿,低处樱花如雾,到处是紫色如小灯盏的玉兰花,与明亮怒放的黄色迎春花。我们最喜欢的是,傍晚从Lawrence出发,沿着百年前的运河边散步,走到Harison桥以外的水库旁,夕阳映照,波光粼粼,远树葱茏,空气澄明透亮,风景真是难得。

当我写这篇文字的时候,虽然已经时隔一年,可那时的风景仍历历在目。于是,便翻检了一下当时的日记,写下这篇回忆重访普林斯顿的文字。

一、在美国论"全球史"

到普大后不久,依照惯例与具名邀请我的普林斯顿国际教学与研究委员会主席见面,不知道这算不算报到。今年的主席是历史系研究南美的教授Jeremy Adelman,据他说,他的祖父母曾在山东传教,他祖母的妹妹曾到过香港。人甚健谈,只要说起全球史,他便会滔滔不绝,一边吃饭一边闲聊,他特别说到,他特别关注一五七一年,西班牙人由墨西哥运白银到菲律宾,菲律宾的中国人把土人当奴隶运到南美，这便是全球往来史的一页。席间，还谈到他们撰写的全球史教科书 *Worlds together worlds apart: A history of the world: from the beginnings of Humankind to the present*，我很有兴趣。全球史现在是大潮流，几天后，我应邀去圣路易斯华盛顿大学洽谈双方合作的事情，第一天去拜访历史系研究非洲的教授 Jean M. Allman，她也谈到，从女性立场以及从非洲角度出发的全球史，她表示，现在撰写全球史的一个目标是"去美国（欧洲）中心"。

全球史仿佛是历史研究领域的大热门。英国历史学家巴勒克拉夫（Geoffrey Barraclough，1908–1984）曾经指出，"一九四五年之后，世界已经进入了全球一体化的新阶段"，因此他倡导一种"全球的历史观"，这种注重全球视野的历史观念，加上近二三十年来风行世界的后殖民理论与现代性批判推波助澜，从学术与政治两方面，把"全球史"推成大潮流。因此，在很多人看来，似乎"国别史"已经成为陈旧的写法，而"全球史"则不仅学术新颖，而且政治正确。有人甚至声称，全球史的意义是"去中心化"，而"去中心化"则表现为"'历史'没有什么重要与不重要的分别"。

可是，我一直怀疑，历史如果不能在意义上，区分什么重要，什么不重要，那么，历史就成为堆垛和杂烩，这可能吗？毫无疑问，当下的"全球史"乃是针对某种自我中心主义立场特别是欧洲中心主义的"世界史"而来的，其背景是"政治正确"与"后现代"理论，所以治全球史者常常乐于宣称，自己是没有特定立场和特定位置的全球历史观察者，可是，这恰恰是把撰写者放在普遍的"居高临下""全知全觉"的位置，这样没有"偏见"的全球史是否可能？这成了一个问题。所以，我向 Jeremy Adelman 教授提出一个问题说，是不是真的有"无偏无倚的全球史"？是否应当有一个从"中国眼睛"观看的"全球史"（*Maybe we have to write a New global history from China's eyes?*），而我也回应 Jean M. Allman 教授，"也许美国学者的全球史撰写，其意义是有意识的淡化美国（欧洲）中心，而中国学界如果要撰写全球史，恐怕会有意识地把中国多放一些进去"。

因为，我想到了当年关于《剑桥世界近代史》缺少"中国"的争论。

二、大千世界真小

普林斯顿的Nassau街上虽然也有两个中餐厅，但是人们好像都格外钟意购物中心附近那个大千美食林，这个据说原来算是上海菜系的餐厅，菜肴的味道其实早已五湖四海了，但是仍然比其他几个好一些，所以每天门庭若市。

大千美食林仿佛就是普林斯顿的"大千世界"。我已经记不清在这家餐厅吃过几回了，不过倒是记得，大凡在这个餐厅里吃饭，就会屡屡遇见熟人。记得刚到普林斯顿的那一天，艾尔曼教授夫妇请我们和两位研究日本历法与占卜的德国人去那里吃饭，一个来自剑桥大学，一个来自巴黎狄德罗大学。吃着吃着，抬头看见一位老者，似乎很熟悉，突然想起原来是在清华大学曾经见过几次的方闻先生，他是研究中国艺术史的大学者；刚刚打完了招呼，却又听见背后有人用中文叫我的名字，回头一看原来是米家燕，一个曾经在四川大学和北京大学以及加州大学读书，现在在美国任教的学者，顿时就想到"大千世界真小"。

后来再想，也并不奇怪。一来是普林斯顿聚集了太多华人精英，据说"中研院"海外院士聚会，仅在普林斯顿一下子就可以来六七个。近年回到中国大陆的顶尖学者，普大也有姚期智和施一公，他们的离去，曾让好手如云的普大，居然也会有"马群顿空"的感叹。我在那里见面的著名学者，除了方闻先生之外还有好多，余英时先生夫妇也是那里的常客，连这里一个福州籍的工作人员，都认得余太太。也许，是因为中国美食的吸引力吧，朋友聚会、接待远客、举家欢宴，都愿意到这里来。每年五月初，全美汉语教学大会在普林斯顿举行，汉语教学有关行当的人，近百个聚集在这里，把偌大的餐厅挤得满满蹬蹬的，我在那里见到那个汉语说得像老北京的林培瑞，他就是那本讨论"鸳鸯蝴蝶派"文学的书的作者，有趣的是，书名不是翻译成"鸳鸯蝴蝶"，倒是翻译成"北京鸭与花蝴蝶"。

三、与余先生神聊

在普林斯顿最愉快的事情，莫过于可以常常与余英时先生夫妇聊天。余先生和我一样喜欢天南海北地聊，虽然谈的始终是中国，但话题却时而历史，时而政治，有时学术，有时趣事。余夫人陈淑平和内人戴燕有时一起聊，有时也分了拨儿对谈。上海的朋友陆灏兄曾希望我带个录音机去录谈话，可我总觉得，拿了录音机就不能放开来神聊，似乎总有一个监听者或者窥测者在旁边，更何况余先生与余夫人是长者，没有他们首肯，录音显得很不恭敬。

没有录音，没有边际，也没有主题。有时在考试中心，有时在Nassau街上吃鱼的餐厅，有时是在大千美食林，最多的是在余家客厅。事后回想起来，话题真是变幻多多。像刚刚在复旦作系列演讲的王汎森兄所说的"执拗的低音"，余先生就谈到他对边缘史学与被压抑之历史资源，始终相当注意。对于我所关心的禅宗史，余先生也很赞成我对胡适在禅宗史研究上的意义的肯定。他还特别说到胡适为人之不可及处，他说，胡适看来为人从容大度，颇为随和，但其实也很重视思想立场和独立人格。他提到在新公开的蒋介石日记中，有蒋私下里对胡适的极度怨怼，他居然认为胡适对其羞辱，但胡适对政治的态度和对蒋的态度，却始终不卑不亢，一以贯之；有时候，余先生也会说到他的兴趣，他特别喜欢阅读前辈的日记，余先生对胡适日记读得极熟，现在正读邓之诚日记。我告诉余先生说，我前年曾经在哈佛读杨联陞先生四十余册日记，读到杨先生患病被电击之苦，读到杨先生对于回北京的期待与顾虑，读到杨先生对种种学人观察深刻的评价，都很有意思，余先生便向我讲述了他这位老师的种种往事，不免也相对感慨。特别是，近年来余先生和我都曾细读过《吴宓日记》正编与续编二十册,我们聊起这个既冬烘又新潮,既软弱又固执的学者,对其日记中呈现当代中国的历史背景很是唏嘘,对这个出身陕西乡下却留学哈佛,执着于理想甚至幻想的怪人很是同情。

当然,有时也聊一些学界轶事,如杨联陞与何炳棣当年的故事、钱锺书与李慎之在美国的故事,还说到余先生的老师钱穆先生的无锡口音与日常趣话,张光直的壮怀激烈和晚景凄凉。余先生是长辈,和这些前辈学者都是旧识,那些亲见的故事,常常让人遥想学者风采,让我们这些不及亲炙前辈的人感到亲切。更让我印象深刻的是,余先生对各种学人评价的宽容与克制,常言道"谁人背后不说人",但在背后议论仍然能秉持公道与公心,对任何人都怀抱善意,能够如此的人却不多见。当然,我们最多的还是聊历史中国和当下中国,余先生有一本书的书名叫《中国情怀》,确实,他也始终眷念故国乡土,但他更看重的是文化传统,有一次接受香港电视访问时,他这样说过,"我在哪里,哪里就是

'中国'"。他身在美国，何尝有一天忘记中国。五月底，我们要回国，临别时他给我们写了一幅字，用了他三十三年前重访大陆，也是唯一一次回到中国时写的一首诗，"凤泊鸾飘廿九霜，如何未老便还乡。此行看遍边关月，不见江南总断肠"。

四、看普大校友返校与毕业典礼

大学如何让学生在这里成长？学生如何会永远记住自己的母校？换句话说，四年大学生活的历史，怎样才能成为他一生刻骨铭心的记忆？

五月三十日去普林斯顿Nassau Hall看校友返校日，真是热闹得很，门里门外到处是人，都穿了橙黄黑色相间，标志着普林斯顿大学的衣服，有扶老携幼拖家带口来的，甚至还有一位坐着轮椅的一百岁老人，他是1934届的毕业生。人群中，前有鼓吹，鼓角喧天，中有苏格兰乐队，手持风笛，身穿短裙，各级毕业生穿着普大传统的服装，分门别类，一群又一群。据说很多校友带了支票，回来捐助母校。听说，前些年普林斯顿大学曾有计划，想一年募捐八亿美元，结果令人吃惊的是，八亿仅用三个月即完成。香港商人胡应湘，就是那个曾经当过香港城市大学校董会主席的人，一九五八年毕业于此，据说曾经一次捐过一亿美元，当时成为普大捐款的纪录，但这个数字很快就被另外的校友打破。这些本科就读于此的人，自费从世界各地或美国各地而来，对母校的认同感真是强得让人吃惊。人人都说，这是因为学校对本科生关怀备至，但是，仅仅是依靠关怀（或者买好）就可以培养学生的认同感吗？如果没有"贵族气息""精英意识"，没有对常春藤盟校的自豪，没有好的校园文化生活和留下的深刻记忆，怎么会培养出如此认同的情感？

与周质平兄闲聊，他也说到普大对本科大学生之眷顾。如果有人要申请研究课题，大多能够如愿，所以申请虽然花样百出，但往往能够命中。听说，有申请调查日本人对酗酒之反应的，有申请调查中国磁悬浮的，尽管有的研究最终一无所成，但也说不定，就有天才灵光一闪，成就了未来的一个大学者。周质平感慨，普大之东亚项目，有人甚至特别捐助，专门为"人所不出者，则由此间出"的冷僻领域，故纵然有钱流入无意义处，但正是因为这种"只问耕耘，不问收获"的普遍鼓励，使得学生始终眷念这个学校。他说，近日有一普大生物学女生（华裔）欲研究熊猫如何成为国宝，希望我能和她谈谈，我当然同意。

五、在这里上课和听课

今年的公开演讲，我找了一个老题目《从古地图看中国人的世界观》，因为有图片可以展示的缘故。没有想到这一天居然来了五十多人，连余英时先生夫妇也来了。因为余先生自从台北病了一场之后，很少到Jones Hall来，他的现身让场面热闹起来。Peterson、Teiser、袁清等教授都来与余先生打招呼。

按照规定，作为Princeton Global Scholar应当作一次公开演讲和两次Seminar，我这一次在佛教史Seminar上讲"中古道教仪式"，在东亚史Seminar上讲的是朝鲜的黄嗣永帛书。这里的学生提问相当踊跃，在东亚史课上，有人问，虽然东亚政治优先于宗教，但元朝清朝是否与其他朝代宗教与政治关系不同？有人问，佛教与天主教进入东亚，何以反映程度不同？有人问，朝鲜与中国传教所用文字语言差异如何？有人问，帛书是否对东亚当时产生影响？还有人质疑说，这份帛书是否仅仅是一种修辞和宣传？真是五花八门。美国的学生主动性和挑战性，比起中国学生来要强得多。研究的选题也各显神通，艾尔曼教授让他们各自介绍自己的博士论文题目，有人做"晚清民初昆曲票友"研究，有人做"朝鲜满鲜通事"研究，有人做"清代彭定求道教信仰"研究，有人做"东南亚华侨医疗史"研究，还有人做回教进入东亚历史的研究。

今年很有意思的事情是，三个合作学校（复旦大学、普林斯顿大学、东京大学）在这里商谈明年计划，东京大学东洋文化研究所的羽田正教授远道而来，所以东亚系特意安排了一次演讲。他讲的是日本三十年代的回教团。他先讲到日本对于伊斯兰世界的知识,最早来自十八世纪初的新井白石,虽然日本早在明治时期就有东洋学包括中亚西亚的学术研究,但有趣的是,一直到二十世纪初日本与伊斯兰教才真正开始有实际接触。一九三六年,Okubu Koji(1887-1950)建立"现代回教圈",一九三九年八月,在南满铁的"东亚经济Bureau"支持下,出版《新亚细亚月刊》,从一九三八年至一九四四年,又出版了《回教圈月刊》。他分析了"回教圈"的建立在日本的意味,一是想象了一个从满洲到非洲的大伊斯兰世界,二是设想一个跨地域的泛伊斯兰共同体。不过,他也指出,虽然"伊斯兰世界"的发现,在日本是一九三〇年代的事情,且进入知识世界如高校教育,却迟至一九五六年。这个世界对于日本人的意味,仍然是遥远的"他者"。

(写于二〇一一年)

那风和日丽的季节
——二〇一二年三访普林斯顿

从温哥华到纽瓦克,要坐六个小时的飞机,说是跨越两国,但除了在温哥华机场办理加国出关和美国入境手续外,几乎就像在国内旅行,交运行李按照国内规矩是要交费的,空中服务员说话的口音甚至长的模样,好像也都没有分别。午夜时分,到达纽瓦克便直奔普镇,到达的时候已经两点多,匆匆睡下又早早醒来,睁眼看时,人已在普林斯顿。

这是我第三年到普林斯顿来客座,也是合约中的最后一年。像前两年一样,初见普镇,依然是一派春色。此前在温哥华停留了几天,记忆中,留下的是蓝色的大海、白色的雪山,想起北温哥华山中的鲑鱼养殖地,那墨绿中泛白的溪流轰鸣声仍然在耳,Stanley公园那黝黑色的森林,和处处倒卧的巨树,感觉风格好像很狂野。可就像余英时先生初见面时说的,"正是普城好风景,花开时节又逢君",这里真的恰是花开时节,眼前的普镇,无论是拥有那一片开阔草地的普林斯顿高等研究院,还是繁华的Nassau街头,还是屋宇错落的普大,处处看到的,都是点点照眼明的花朵,黄色的旱水仙和迎春花,白色的狗木花,红色的垂樱、紫色的玉兰,风格却是那么温婉。

在普镇的一个半月时间很快过去,现在想起来,不知为什么,似乎都是风和日丽的日子,似乎始终是五彩缤纷的花季,尽管实际上也有风,也有雨,而且从三月到五月,花季过去繁华落尽,树木的颜色也从浅绿变成了深绿。

一、在纽约看林书豪

早就和艾尔曼教授约定要去看一场NBA。本来，住在新泽西，应该去看近处的新泽西篮网，但可惜的是这个队近两年成绩不佳，人气不旺，所以，一直犹犹豫豫。这次因为纽约尼克斯队的林书豪大红大紫，才终于下定决心去看。24日下午，与内人一起乘火车赶到纽约，在麦迪逊花园广场与约好的艾尔曼夫妇见面，按照他们的计划，到33街的韩国区吃饭，谁知找了半天，原来熟悉的小首尔餐厅没有找到，只好在另一个韩国餐厅吃了烤肉和石锅饭，其实也差不多，原本不必刻舟求剑。

饭后去麦迪逊花园广场，就在Pnn Station出口上面，没有想到里面这么大。今天是纽约尼克斯队与底特律活塞队比赛，我们到达的时候，场内已经人山人海，音乐大作，热情与节奏交织，有趣之极。林书豪果然极有人气，一出场就全场欢呼起来，甚至比1号安东尼和6号小斯还要"火"。现场好多穿着17号衣服的Fans，体育馆里强烈的音乐节奏和震耳欲聋的Di-Fense吼声，让人知道什么是狂热。

昨天纽约尼克斯输球，今天却大胜活塞，现场看球与电视转播确实不同，电视转播用的是"优选法"，总把漂亮的、精彩的呈现给你看，现场却不同，看上去没有那么神奇，倒是看到不少失误。虽然失误多，但纽约尼克斯队还是凭借篮下绝对优势，打得活塞队一败涂地。这一场，林书豪发挥只能说一般，得了13分，但有几个绝妙的传球，让人感受到这个疯狂小子的想象力。散场后，买了一件有林的17号标志的篮球衫，居然要价八十七美元。事后看新闻，渐渐得知这是本赛季林书豪参加的最后一场比赛，此后他便因伤停赛，一直到季后赛中，纽约尼克斯被迈阿密热火淘汰，他也再没有现身，这让我觉得这场球看得很值，虽然这么远的位子，票价竟然高达一百二十五美金。

二、惊魂一刻

三月底的一个周末,与纽约大都会博物馆东方部的孙志新教授约好,一起去New Brunswick附近一处中餐馆吃饭,据说,这餐厅是现在在复旦任教的老朋友吴以义向他专门推荐的。普林斯顿的两家中餐厅,莲园和大千美食林,都已经吃了太多遍,孙志新兄很周到,想让我们换换口味。从Lawrence的住处出来,便驱车向北,经Nassau街,转向东开去。一路上捉对儿聊天,内人与孙太太在后排聊,我和开车的孙志新教授在前面聊,谈纽约大都会博物馆的"帝国时代"(The Age of Empires)展览计划,说到展览的内容和主题,说到如何召开讨论会与论文集,也谈到展览如何凸显秦汉帝国形成的意义。

天空下着细雨,公路上车不多,车也开得并不快,大约也就是四十英里的样子。但是,当车开到680号及27号公路附近,意外惊魂一幕出现,也许是由于下雨,视线不佳,突然对面一车竟然方向一拐,与我们后面的一辆越野车相撞,被撞的越野车很诡异地没有停顿,却猛地超前,先在左侧追上来撞击我们的车,又因为撞击打了一个趔趄转了个圈,迎头撞向我们的右侧。万幸两次都只是侧面擦撞,而开车的孙志新教授也反应奇快,立即刹车。惊魂不定的我们自己检查,还好大家都绑了安全带,没有受伤,只是孙夫人在后排被撞伤下唇。

这次可见识了美国的交警。不到一刻钟,就在细雨中,两辆警车与三辆救护车呼啸而至,下来好些人,每个车都盘问一番。检查下来,我们的车算报废了,前面那辆越野车也略有些损伤,最先肇事的那辆车也大体上不成了。事后回想撞车那一刹那,好像就是美国大片里枪战追车人仰马翻的感觉,这也不知道是事后的追忆,还是当时的感觉,其实,那一瞬间人一点儿反应也没有,或者是人根本来不及反应。美国志愿救护者很细心,尽管我们觉得孙夫人嘴唇虽有点儿伤,但其他地方绝不会有问题,可一个黑人救护员却用硬塑料护具在十分钟里始终紧紧按住她的颈部,以防颈椎有伤,这让我们也觉得万一有问题便大事不好。

所以，当交警催促她上救护车时，我们也力劝志新兄陪同夫人去医院检查，我们则另外打电话，叫朋友开车来接我们回家。

在细雨冷风中等了半个多小时，朋友总算来到，在大中华超市附近吃了一碗热腾腾的越南米粉后，才算回过神来。晚上，与孙志新通电话彼此安慰，都万幸人没有受伤，而没有提及那辆报废的车，也算是孔子"伤人乎，不问马"的意思。

三、在华盛顿逛图书馆和博物馆

艾尔曼教授夫妇开车，陪我们去华盛顿。经费城、巴尔的摩到华盛顿，已经是日当午。在华盛顿这个老式车站吃饭时，听艾尔曼教授说这个车站的历史。旧式的车站穹顶很高，仍是当年修建时的模样。据说原来纽约车站也是这个样子，可是后来Penn Station改建后拆掉穹顶，曾遭到很多人的批评，现在纽约只有另一个42街的中央车站（在那里可以搭去纽黑文的车）仍然保留传统模样。但纽约都是高楼，所以车站穹顶显得并不突出，反倒是华盛顿车站周围空旷，所以看上去还气势宏伟。

在Washington Court Hotel住下后便出去游览。先到国会山附近的国会图书馆，门口把守很严，进去后倒很松，这里建筑相当漂亮，尤其是楼层极高，所以吊灯和藻井不仅金碧辉煌，色彩缤纷，而且在格外的高旷下显出一种特别的气派。由于遇见熟人，得以在周末进入亚洲部参观，亚洲部的阅览室两侧书架甚高，有专用梯子上去取书，中间却仍然有传统的卡片柜，随便翻了翻，看到中国与日本书甚多，甚至还有"文化大革命"时期的《红色娘子军》。记得余英时先生曾说，前几年他还没有获得克鲁格奖的时候，曾经应邀来此住了半年，他每日看书，余师母常常可以去附近看博物馆，是退休十年中过得最惬意的时光。从国会图书馆出来，经过罗斯福总统纪念碑及雕像群，总觉得这样的设计相当好，因为和其他纪念性的建筑物比起来，人可以与雕像面对面相处，不像一般万神殿那样高高在上，倒很是人性化。这一天，从杰弗逊纪念堂经越战纪念碑,到林肯纪念堂,我们居然围着华盛顿的中心区域走了一大圈。

　　第二天突然大雨,仍然按计划到弗利尔(Freer)博物馆。博物馆正在举行"罗汉"与"葛饰北斋·富士山"两个特展,原本以为大雨天气人会少些,没有想到参观者却出乎意外的多,据说,是因为正值纪念华盛顿与日本100周年交往。一百年前的大正初年,日本为了与美国修好,特意赠送樱花树,种植在华盛顿的湖边,成为如今华盛顿的一景。而当年弗利尔博物馆的东方收藏,听说就是从葛饰北斋的作品开始。其中,葛饰北斋的富士山组图非常有名,那么多富士山的图像,难为他居然画得千姿百态各不相同,这是实景写生,还是想象描绘?实在说不清楚,或许呈现的是葛饰北斋对富士山梦萦魂绕的那一份厚爱吧。至于"罗汉"特展,我没有特别的兴趣,只是走马观花似地匆匆浏览了一番。也许仍然是由于纪念日本美国交往百年的缘故吧,另一个美国国家艺术博物馆也在举办日本花鸟画展,不过,尽管这些绘画色彩斑斓,但感觉并不出色,因为多是近代以后的世俗绘画,雄鸡、鸳鸯、花卉,多有浓妆鲜丽者,但过于逼真,迹近写真,所以艾尔曼教授笑道,这不是艺术是科学,他的意思是,因为"写实主义"太多,远不如文人画的"想象变形"可欣赏体验。不过,很意外的是,蜂拥来看的人相当多,似乎大雨并没有打消赏画的兴致。

　　从弗利尔博物馆转到赛克勒(Sackler)博物馆,原来

经由地下通道就可以到。二〇〇二年第一次访问华盛顿的时候，我曾经来过赛克勒，可是为什么没有穿过地下通道到弗利尔去，现在却怎么想也想不起来了。赛克勒也有好东西，前些年，我来看的时候，本来特别想看长沙子弹库的楚帛书，那是最早出土的帛书，我对那十二个谜一样的神像，和回环书写的形式特别有兴趣，但是那时刚好不展出，觉得很遗憾。不过，记得当时正在展览徐冰的天书，也算是见识了一番，现在徐冰的天书没有了，但徐冰制作的以26个英文字母变形而成的长链条仍然从穹顶一直垂下来。

四、在美国看病

和朋友在普林斯顿大学的Garden House吃饭，说起我的痛风发作，艾尔曼教授便一定要让我去诊所看病，反正我有医疗保险，不看也白浪费。谁知道，在这里看病相当麻烦。先想就近到Jones Hall背后的学生诊所，却被告知教授要在Alexender street的医院。没办法，只好请艾尔曼教授开车送到那里，又因为是初诊，就得先一一填表，美国的表格很复杂，用了半小时才弄好，等候片刻，Dr.Cole便来看病。在中国医院看病习惯了，还真不习惯那种美国式问诊，美国医生真不像中国医生，在中国医院那个嘈杂混乱的诊室，医生只能匆匆忙忙把人快速处理（或处决），可是在这里，医生又是量体温又是测血压，检查了好一阵，最后，居然还拿出一本书来和我讨论，问平时我痛风所吃的药是什么，由于不懂通常所服用的"秋水仙碱"的英文名字，为此还啰嗦了好一阵，幸好陪我去看病的东亚系博士生郑心闲，用iPhone搜索出来，然后，医生和病人才细细商定了用药，开了处方。

开了处方，却被告知不能马上拿药，似乎在美国确实是医和药分开的，这个处方要到CVS，也就是一个专门的超市去取药。开车回Lawrence去拿了自己的医疗卡后，去Nassau街上的CVS，却被告知没有这药，需要明天再来。美国医疗虽然既技术先进而且服务细致，但是也有麻烦处，一是医药极昂贵，如果没有医疗保险，自费医药是很昂贵的，二是制度颇教条，钉是钉铆是铆，螺丝钉对螺丝帽，倒不像中国医院，可通融时且通融，对于习惯了中国式看病的人来说，好像也不灵活方便。

有趣的是，等到第二天从CVS拿到药时，我的痛风病已经霍然而愈，这瓶昂贵的药也就成了我三年来在美国唯一一次看病的纪念品。

五、在美国读日本书

这次借用的是在普大东亚系教日本文学的教授Okada的研究室，所以，可以顺便看很多日文书，包括日本古典文学大系、日本思想大系等。Okada教授病了很久，研究室一直空着，我们来，既借用他的研究室住锡，也顺便看看他的藏书。

总是想着下学期的一门课，要讲"亚洲宗教思想的交流"，可自己明白，我算有一些心得的，主要都在中国古代宗教史，而且只是六朝隋唐的禅宗和道教，面对学生无法买空卖空来搪塞，所以只能对日本、朝鲜宗教补补课。看到架上有《日本书纪》（日本古典文学大系本，坂本太郎、家永三郎等校注本，岩波书店，1967,1979年14刷），虽然早在研究生时代就看过，仍然取来慢慢浏览，每天翻上几页。其中，关于神道教的一些资料，虽然常见，也一一摘录下来，将来可以做资料，叫学生细读。日本最早的几尊大神，在这部书中是这样说的："洗左眼，因以生神，号曰天照大神，复洗右眼，因以生神，号曰月读尊，复洗鼻，因以生神，号曰素戋鸣尊。"（卷一"神代纪"，95–97页）传说中，天照大神可以治高天原，月读尊可以治沧海原潮之八百重，而素戋鸣尊，则可以治天下。关于神道教的三种神器，如八坂琼曲玉及八咫镜、草薙剑，三种宝物。其中，素戋鸣尊以草薙剑（又名十握剑）斩蛇的故事，这里也活灵活现地记载着，不过要是追根溯源，好像还是从中国汉高祖刘邦的故事那里借用来的。

《日本书纪》《日本纪略》等日本文献中，其实有好多可以借用来研究中国的资料，做中国史的学者较少用，实在很可惜。学者比较熟悉的，像小野妹子和裴世清日隋往返事、大唐使者高表仁出使日本事，日本资料都比中国文献详细。就连安史之乱，他们也一一记载，我没有细比对，也许，其中会有中国文献忽略的东西。在平安时代撰成的《日本纪略》（吉川弘文馆，新订增补国文大系本，1978）前篇卷十中，有一则天平胜宝六年（七五四），也就是大唐天宝十三年即安史之乱前一年，日本使团与朝鲜使团争座次的故事，说天宝十二载正月各国使团向唐玄宗贺岁的时候，在蓬莱宫含元殿举行仪式，西边是吐蕃排在第一位，日本在第二位，而东边是新罗在第一位，大食在第二位。这一次，日本副使大伴古麿就争辩说，"自古至今，新罗之朝贡大日本殆久矣，而今列东畔之上，我反在其下，义不合得"。在他的抗议下，大唐将军吴怀就"引新罗使次西畔第二，吐蕃下，以日本使次东畔第一，大食国上"。我没有复查这个记录的真伪，还不清楚这是平安时代日本史家出于自尊的追叙，还是根据当时档案留下的实录。不过，这次有关使团座次之争如果是真的，恐怕是亚洲国与国关系史上第一次"礼仪之争"。

顺便要记下的是，很不幸，在四月四日，我们借用的这个办公室的主人，长期卧病的Okada教授去世了。

六、普林斯顿大学葛思德东亚图书馆

并不是只在研究室看书，在普林斯顿三年中，东亚图书馆不能不提。除了研究室之外，壮思堂和Frist Campus Center三楼的东亚图书馆是我待得最多的地方，每次想起在这个图书馆看书的时光，总是觉得流连和怀念。

我曾经在普林斯顿一次演讲中说，胡适六十岁前后，曾经在这个图书馆当馆长，我六十岁前后，却在这个图书馆读书，硬要攀援的话，也算是一个缘分。那时，胡适正处在郁闷之中，看看右边，他对退守台湾的国民党有些失望，看看左边，共产党正在大陆对他猛烈清算。有家回不得，一九五〇年五月他在美国不得不接受普林斯顿大学的邀请，作为一九五〇到一九五二年的Fellow of the University Library and Curator of the Gest Oriental Library with Rank of Full Professor。可是，就是这个被称为中国文艺复兴旗手，当过北京大学校长，民国政府的驻美大使，差一点儿还成了总统候选人的胡适，拿到这一聘书，居然还不能过签，折腾了好一阵才算办妥。以他一生赫赫事业和崇高地位，担任这样一个图书馆馆长，想想也实在有些委屈。但让我佩服的是，胡适毕竟就是胡适，他在那里不仅把这个图书馆弄得有模有样，购入不少有价值的东亚图书，还举办了题为"十一世纪的中国印刷"的图书展览，他亲自给展览写了一篇"Eleven Centuries of Chinese Printing(Introduction to an Exhibition of Books from the Gest Oriental Library Princeton)"。尽管按照周质平教授的说法，那是他一生中最灰暗的时期。

今天，Gest东亚图书馆成为美国最好的东亚图书馆之一，多亏了当年胡适的努力，在我刚刚到普大的那一年，图书馆就给了我一份简介，一看之下大为惊诧，原来六十年后所用的，仍然是六十年前胡适写的那篇 The Gest Oriental Library。我曾经走过美国一些大学，看下来觉得，设在哈佛大学的哈佛燕京图书馆、伯克利加州大学的东亚图书馆、密西根大学的东亚图书馆和这个普林斯顿大学的葛思德东亚图书馆，是四个最能让人满足的大学东亚图书馆。果然，在我这三年普大客座的时间里，我确实在那里看了很多早已希望阅读的书，也看到了很多原本没有想到要看，却意外发现的资料。举一个例子吧，至今我不知道，究竟是什么人在这里默默地整理了一些有关中国的剪报，既有现代的像周作人、丰子恺、张爱玲的，也有古代如李渔、施耐庵、兰陵笑笑生的，其中，也有一份薄薄的"陈寅恪资料"，里面剪贴了一九六九年十月陈寅恪先生去世后，海外报刊的各种有关文章，不少是研究陈寅恪的学者所没有见过或未曾提及的。陆键东的《陈寅恪最后二十年》第二十一章《深厚是非谁管得》中，曾经引用过香港《新晚报》《春秋杂志》(一九六九年十二月一日,二九八期)、台北《中央日报》(一九七〇年一月二十六日)、《传记文学》(16卷3期),来说明陈寅恪死后哀荣在两岸的殊异,但是,如果他能看到这份剪报,就会增加很多很多资料,如曹聚仁、今圣叹、费海玑、清华生、章曼的回忆和纪念文字。我扫描了一份存在手边,几次想以此为据写一篇文章,却因为疏懒的缘故,始终没有写出来。

(写于二〇一二年)

那漫天飞雪的秋冬
——普林斯顿纪行之四

前三年（2010，2011，2012）到普林斯顿，都是初春季节，初春自有初春的意思。每次都是先看着树木渐渐地变绿，接着再看黄色的旱地水仙开了满地，树上小小的花骨朵变成紫白相间的玉兰花。然后，就是呼啦一下子，姹紫嫣红繁花似锦，季节也终于变成夏天。可这次再到普林斯顿大学，是因为聘期额外延长，原本说好的三年，现在加了一年，算是我担任Princeton Global Scholar的最后一年。想换个季节的风景看看，所以，特意选了这个时候来，便是打算看秋冬转换时期的景色，这样也算是在普林斯顿看过了四季。

11月6日，我们乘美联航87班机从上海直飞纽瓦克，还是老朋友艾尔曼（Benjamin Elman）教授开车来机场接我们，并送我们到住处。一切是那么熟悉，仍然住Lawrence Dr，仍然是6号楼，仍然还是109号房间。连着几年，普大校方给我留下同一个住房，让我们像回家一样，省去了适应的过程。

一觉醒来已是凌晨。还是像前三年一样，在晨曦半露的时分，到运河边散步，出了小区大门向右一拐，穿过Alexander Street，走上熟悉的小径。唯一变化的，就是原来熟悉的春色，这次变成了秋景。秋天里，这条早已废弃的百年运河，河水似乎变得浓稠而幽深。仔细看看，并不是水变了，原来，是两岸的树叶已经落尽，地下全是残叶枯黄。剥尽繁华的密林，只剩下黑色的树干，伸向天上的枝枝丫丫，层层叠叠的，纵横交叉地映在水面上，显得河面上仿佛墨色斑斓。

一、和余先生见面聊天

每次到普林斯顿，最期待的事情，毫无疑问是跟余英时先生和陈淑平先生见面聊天。也许，是大家都意识到，这是我们最后一次长住，今后常见的机会未必还多，所以，余先生和我们隔三差五就约了见面。

没想到第一次见面，就遇到一些小不顺。到普镇的第二天下午，余先生夫妇开车到我们住处，带来好些东西，包括余先生爱吃的烤花生——他知道我也爱吃——还有麻油、大米、豆腐乳、水果、泡菜，陈淑平先生非常细心，甚至还给我们带了一个电饭锅。匆匆收拾停当，我们一道去他家聊天，直到七点左右，再驱车回到普镇吃饭。

不料这天不知是什么黄道吉日，原本并不热闹的Nassau街上，却早已是熙熙攘攘。我们接连去了三四个餐厅，包括原来中意的公共图书馆附近那一家，居然都没有座位。真是百般无奈，最后只好在一个位于小巷内，需要等候二十分钟的西餐厅吃饭。等候中，陈淑平先生和内人戴燕一道，忙着去停车和交涉，我和余先生则在餐厅前的椅子上坐着闲聊。事后想想，还真有些后怕。这一年余先生八十四岁了，2008年生了一场大病，手术后又一直在治疗。在深秋寒风中走了好几圈，还站了这么久，如果出了意外，真不敢想是什么后果，当然好在后来没事。

关于生病与康复这件事儿，我真佩服余先生的意志坚定和心胸豁达。那时很少人知道他曾经生过一场大病，他既不愿意病中让人们来反复慰问，也不希望因为痊愈招来很多人祝贺。他对我说，虽然人都是在俗世中生活，但他的心却在历史世界。而在现实的俗世中他坚持两条原则，一是不与商业发生关联，一是不信怪力乱神。吃饭间，听他说起，有大陆某学者写信给他，报告安徽打算发行杨振宁和余英时的名人邮票，并把此事当作一种莫大荣耀，而余先生只是一笑了之。

也真奇怪，人有时候念头好像很固执，不知为什么，我们始终惦记着要重新光顾公共图书馆旁那家想吃而没吃上的餐厅。终于在十来天之后，我们和余先生夫妇、周质平夫妇一道再次去那里，这次总算吃上了一顿，事后回想，这家餐厅似乎的确味道不错。但要问我究竟吃的什么，后来却全忘记了。倒是那天谈话的内容却还一直记得，那天，周质平一直在问余先生一个话题，就是从胡适到杨联陞这一学脉，与钱穆的这一学脉，路数和观念似乎大相径庭，但在您身上何以能够相通融合？而我则与余先生讨论一个思想史的问题，也就是余先生关于宋明之间儒家从"得君行道"到"觉民行道"转换之线索，是否不止儒家历史可以这样理解，佛教和道教在唐宋成为国家宗教的希望破灭之后，是不是也一样转向社会士绅和民间百姓？

余先生的回答精彩极了，我想，这就是所谓"小叩则大鸣"吧。

二、Grounds for Sculpture的雕塑

我是个很"宅"的人，玩兴一直很差，习惯于在地图上"卧游"，却并不喜欢真正外出，性格决定我只能做书斋学问，永远不可能走向田野。这一点让内人常抱怨，说我凡是到一个新地方，总还是"宅"在研究室或者图书馆里，无论在美国在日本还是在欧洲，好像还是生活在上海复旦的光华楼。这次，可能是意识到最后一年长住在普林斯顿，所以，下决心看看这个花园之州新泽西，想花些时间外出逛逛。刚好艾尔曼和夫人Sarah来约我们，去以雕塑闻名的公园Grounds for Sculpture，我们也就高高兴兴随他们出发。

原来这个公园就在铁路的Hamilton站，离普林斯顿并不远。听说是1992年才由约翰逊二世（John Seward Johnson II）建造的。约翰逊二世本人就是雕塑家，所以这里主要就是各种各样的雕塑，有些抽象得很，仿佛几何图形，奇奇怪怪，我这种老派人是看不

公园餐厅前仿照莫奈《日本桥》建造的风景

奥赛博物馆收藏莫奈《日本桥》
2015年作者拍摄

芝加哥美术馆藏莫奈《日本桥》
2014年作者拍摄

懂的。不过，这里也有各种按照欧洲名画复制出来的各色人像，特别是还有仿照印象派风景画制造的种种景致，倒是老少咸宜。

我对西方绘画的知识相当差。不过，这里雕塑多是模仿最著名的绘画，看上去仿佛也还熟悉。我猜想设计者的本意，是营造一种"人在画中游"，也就是让游览者想象自己仿佛走进名画中的效果，不过，也许是因为有的雕塑质量不高，又涂上了滑稽的彩色，看上去不免有些俗气。像在密林池塘间根据马奈《草地上的野餐》弄出来的那一组，虽然有模有样，但看上去就不那么舒服。当然也有例外，最让人眼前一亮的，是餐厅前面模仿莫奈名作《日本桥》那一部分，没有涂了油彩的人物，只是一座长了青苔的木桥和一池飘着莲叶的清水，衬着周围浓密的绿树，倒是传达了莫奈笔下的东方意境。

顺便提一句，在美国看过好多博物馆或美术馆后，才知道莫奈的《日本桥》曾画了好多幅。虽然通常的介绍都说，莫奈1900年画了《日本桥》，又名《荷花池，幻彩玫瑰》，收藏在巴黎奥赛博物馆。但据懂行的人说，莫奈实际上

作者与另一幅费城美术馆藏《日本桥》合影
2011年作者拍摄

画了有二十多幅。他画了这么多幅，真不知道是这种异域风景，特别能触动他绘画的灵感，还是他画的这个异域风景画，当时在市场特别受欢迎？所以，现在好些博物馆都有他的《日本桥》，只是小有差异。

不知道为什么，当我看到按照莫奈绘画营造的这个小风景时，心里却隐隐生出一些亲切感来，难道是因为我这个东方人，对东方风格的景致特别有感吗？

三、休斯顿，休斯顿

既然说了这次在美国要多走多看，所以，莱斯大学的黄士珊（Susan Huang）教授约我去休斯顿做一次演讲，我们就很高兴地答应，因为我从来没有去过美国的南方。12月5日早上，从普林斯顿乘NJ Transit到纽瓦克机场，等着12点的航班。运气很不好，据说由于气候原因，飞机一晚再晚，还屡屡更换登机门，一直等到下午四点才起飞。到达休斯顿，匆匆赶到老朋友钱南秀教授家，已经是晚上八点了。

旅途虽然劳顿，但新地方总有新鲜感。第二天早上，黄士珊陪我们去休斯顿博物馆参观，难得看到的科威特展，陈列甚好，很开眼界。特别是在博物馆看到埃及文物展特意远道运来的展品，成箱成箱地一字摆开，即将开封，有点儿好奇。美国的博物馆不像中国，虽然是有新展览要开始布展和开封，它仍然让前来参观的游客照常观看，所以我们看到巨大的埃及雕塑，有些已经开箱，有的正在拆包，这种场景过去没有体验。另外，这里的东亚和南亚收藏也颇可看，据博物馆一位女士说，休斯顿有华裔赵家富商，给这里捐了不少艺术品与经费。

我的工作是给一次演讲，题目是《谜一样的古地图》。黄士珊和钱南秀两位知道我对古地图的兴趣，所以，午饭后她们陪我去Rice大学图书馆看一幅清代乾隆年间浙江翻刻京师官方内府之《京版天文全图》。这幅署名浙江石门马俊良刻印的地图颇有意思，不仅上半部有根据西洋方式绘制的世界两半球地图，分别题为"内板山海天文全图"和"海国闻见录四海总图"，而且右下方的跋语里面说到，这幅地图是根据康熙年间的地图，重新绘制刻印的。之所以要重印重绘，是因为康熙时代"台湾、定海未入版图，而蒙古四十九旗之屏藩，红苗八排打箭炉之开辟，哈密喀尔喀西套西海诸地，及河道海口新制犹阙"。可是，现在到了乾隆年间，版图扩大了，特别是"陞州为府，改土归流，厅县之分建，卫所之裁并，声教益隆，规制益善。近更西安等处，扩地二万余里，悉置郡县"。

这两段话对于理解大清帝国疆域变化很有意义，我知道Rice大学的司马富（Richard Smith）教授给它写过解说，我觉得尚可补充一些内容，尤其是大清帝国从康熙到乾隆时代领土扩张的部分。到了下午四点，开始演讲，让我惊讶的是来的人不少。这次学术演讲一是时间在周末，二是美国的学期末，三是我用中文讲，居然还有这么多人愿意来听，连艺术史系两位教授也赶来捧场，让我觉得有点儿紧张，好在黄士珊教授的翻译很好，所以最终是皆大欢喜。

第二天是周末，休斯顿大学历史系的丛小平教授开车，由黄士珊率领，我们到休斯顿南部墨西哥湾海边的小岛Galveston去玩，据说这里是著名的旅游地方，曾经遭到飓风海啸的重创，不过现在已经没有什么灾难的痕迹。到了附近的一个小镇，刚好遇到有每年一度的狄更斯纪念节，镇上各种穿着古旧衣服的人来来往往，有如同海盗者，如同枪手者，如同绅士者，如同束腰淑女者，旧时代工人者，甚至乞丐者，加上镇上有各种风俗表演、杂耍、舞蹈，也颇有趣。我虽然年纪大了，仍七聊发少年狂，凑趣去和带了一只眼罩，挎着手枪的海盗合了个影。

结束休斯顿的旅行往回赶，倒是一切顺利。到达普林斯顿的傍晚，天降大雪，在Princeton Juncson等候小火车，居然花了半小时，好在候车室里并不感觉到冬雪的寒冷。

四、在葛思德图书馆看朝鲜通信使文献

给中华书局交出了《想象异域》书稿，现在用电子邮件传送，免了邮寄手稿的麻烦，也没有了手稿丢失的担忧。

《想象异域》是用燕行录为基本史料，讨论朝鲜王朝上上下下对大清帝国的观感，内容涉及东亚各国文化"认同"。接下来，手头又在整理有关朝鲜通信使的文献，这些文献主要涉及李氏朝鲜和江户日本的交往，当然也涉及中国这个"不在场的在场者"。国内找相关资料没那么容易，所以，借了到普林斯顿的机会，每天都到葛思德东亚图书馆，找有关资料来阅读。国内近年来图书条件固然有进步，但日本与韩国的相关论著，找起来却不是那么方便。一来是日本和韩国图书从来就买得少，即使现在补买，缺的书也还是太多，至于涉及传统时代东亚外交史、文化史和政治史的专业书，那更是不足；二来就算图书馆有这些书，借阅也相当不便，中国的图书馆一半像衙门，脸色总是让人望而生畏，一半像藏书楼，把图书馆的书视若拱璧，生怕别人看了去。可是美国的几个大学东亚图书馆，像我去过的哈佛燕京图书馆、芝加哥大学东亚图书馆和普林斯顿葛思德东亚图书馆，就实在太方便了，你可以逡巡在密林一样的书架中，随意浏览和随意借阅。

在密密的书林里找到了不少相关论著，在这些各色各样的论著中，也找到很多有趣的资料。不过，能自由自在地在图书馆随意浏览，似乎也带来另一种莫名困扰。我记得张广达先生曾经半带检讨地说，只要一进图书馆，他就不由自主地在各种书籍中流连忘返，往往会忘记自己原本计划找的是什么书，做的是什么活儿。我也会这样，当时随手记录的有趣资料，常常和我当时做的朝鲜通信使研究毫不相干。即使是看有关朝鲜通信使的研究论著，也常常因为意外看到里面的有趣资料，歧路亡羊，生发出新的论题和兴趣来。记得最后那几天，我天天在图书馆翻书，不仅注意到通信使文献中日本人和朝鲜人关于衣冠制度的讨论，注意到李朝朝鲜学者对中朝科举制度差异的陈述，还特别注意到，原来宫

崎市定曾经研究过京都妙心寺麟祥院所藏的《混一历代国都疆理地图》。按照他的说法，这是在嘉靖五年（1526）明人杨子器所作的中国图之上，朝鲜人加上朝鲜地图而成的，而且这是宽永十三年左右寄送德川家光的，箱子上书写了"大明国地图"字样，原物的上方又有《混一历代国都疆理地图》若干字。

这一线索，又让我花了好几天的时间，去琢磨龙谷大学、天理大学和京都妙心寺麟祥院的那几幅明代地图，把通信使文献的事儿忘到九霄云外。直到有一天重新在书架上看到李元植《朝鲜通信使的研究》（京都：思文阁，1997），才把我的注意力拉回原来研究朝鲜通信使文献的轨道来，可是，已经一周过去了，离我们归程的日子很近了。

五、演讲与课程

按照老规矩，作为Princeton Global Scholar，每年工作是一次公开演讲和两次Seminar，这次特别，因为中间插了一个普林斯顿、复旦和东京大学合作的三校会议，便减去一次seminar。

公开演讲安排在11月26日下午，仍然是在Jones Hall的壮思堂。因为这些年里，我始终关注"何为中国"的主题，也逐渐明确要把"疆域""族群""信仰""国家"和"认同"作为自己研究的关键词，所以下决心讲《中国的认同困境》。其实我也是希望在国外，能稍稍开放一点儿，让大家讨论略带敏感的主题。四点半开始，还是由艾尔曼教授介绍，由周质平教授主持。满满一屋子人，普大的裴德生、马泰来、柯马丁、太史文、王平和张跃宏等老师都来了，壮思堂里居然也有四五十人的样子。

我讲了四十分钟之后，有不少人提问。果然，有的问题相当敏感，因为在美国，所以我回答时，也可以毫不避讳。有人问，制度若是认同的基础，那么是什么制度更让人认同，是西方制度还是中国制度？也有人问，中国现在的周边，似乎麻烦不少，那么中国还有没有朋友？还有人问,中国究竟应该是中体西用还是西体中用?老朋友周质平感到了话题的沉重,就岔开话题本身,问我这一话题在大陆是否有禁忌和限制?当然有禁忌!不过我也说到,我并不担心,因为我始终守住两个边界,一是有关问题的讨论,总是限制在学术领域,不直接涉及政治;二是我谨守专业规则,把问题限制在我熟悉的1911年之前也就是传统时代,不直接讨论当下的现实。周质平心领神会,说这就是余英时先生说的"对政治只有遥远的兴趣"。

前面说到,这次只需要进行一次Seminar,时间在12月3日。这一次讨论,由艾尔曼和韩书瑞两位教授主持,加上八个学生。我主要介绍我现在关注的朝鲜通信使文献的意义,然后让大家讨论,怎样"从周边看中国"。美国的学生性格开朗思路奇特,带得中国来留学的研究生们也变得很活跃,所以,发言和讨论非常热闹,话题也很杂。除了讨论日本与朝鲜对清代中国的认知一致与不一致之外,话题还涉及英国使团来中国之礼仪之争,以及英国使团与朝鲜、安南来华礼仪的异同。艾尔曼的兴趣是清代学术,他的学生就问及清代考据学与日本古学,究竟有没有受到朝鲜之中介影响。还有一个学生追问,朝鲜使团在北京看到西洋传教士,在日本有无看到西洋人士?朝鲜通信使文献中,有没有涉及日本一般民众生活等。

讨论完毕照例去吃饭,这次选了一个印度餐厅。在座的四个研究生,其中一位美国学生研究日本、一位新加坡学生研究琉球,一位以色列学生研究伊斯兰在亚洲之传播,一位中国学生研究近代东亚的火枪。我笑着对艾尔曼说,美国大学的东亚系教授们,要对付这么广泛而复杂的课题,真是不容易。艾尔曼耸了耸肩膀,没有回答,只是嘴角微微露出一丝苦笑。

六、漫天飞雪夜读书

吃过感恩节的火鸡之后,天气开始变得阴冷,电视里的天气预报说，最近可能会下大雪。

大概是12月9日吧。早上醒来，躺在床上觉得外面好亮，起来透过窗户一看，外面已经满是白色，阳光洒在晶莹的雪地上，透过小小的窗帘缝隙，反射进房间，在天花板上跳着一闪一闪的光影。大概，全世界的下雪都一样，初雪落下静谧无声，等到你猛地察觉，已经是白茫茫一片。

这里人少，空气也干，雪不容易化掉。除了通向普林斯顿学校的人行道被人在雪地上踩出一条路之外，到处都是白色。我们到上海已经好几年了，很少看到这么大的雪——其实前二十年在北京，也没有看到几场真正的大雪——也难得看到有这么干净的雪地，所以早餐后，便兴致勃勃地往普林斯顿高等研究院走去。爱因斯坦当年待过的高研院楼前，是好大好大的一片草坪，地方宽了，铺上一色的白雪，看上去不仅开阔，而且空寂，总有点儿人在穹庐下，"天苍苍，野茫茫"的意思。略带寒意的风，偶尔夹了点点雪粒，打在脸上生痛，但也让人格外清醒。从我们住的宿舍走过来，要经过一个高尔夫球场，那一路风景，不知怎的让我感觉特别像莫奈的作品《通往圣西门·霍夫勒农场的小路》(1867)。

莫奈《Road toward the Farm Saint-Simeon Honfleur》
作者摄于芝加哥美术馆

那天下午，路上积雪才稍稍化开，我有事外出，突然余先生和夫人驾车来到Lawrence，把厚厚一叠文稿交给内人戴燕，说这是2014年1月台北联经出版公司即将出版的新书《论天人之际——中国古代思想起源试探》的最后一校，上面还有他自己若干亲笔校改的痕迹，余先生嘱咐我看一看。傍晚，我从外面回来，立即开始拜读，越读越觉得兴味盎然，略有感想便匆匆记下，有时也拿起电话来和余先生乱聊，有时又把写下的心得，用传真传给他。记得我一口气看了两个晚上加一个白天，不知不觉，普镇又已是漫天飞雪，遥望窗外，已经又是白茫茫的一片。

后来，我发表的书评《向内在超越之路》，就是这漫天飞雪的两天一夜里阅读的结果。

结语：又是普镇好风景

这是我在普林斯顿大学客座四年中的最后一年。短短的一个半月里，这里发生了好多值得留恋的事情，也看了好多看也看不完的风景，我很难把它们都写在这篇随笔里，只能把它们默默地放在心中。

离开的前一天傍晚，我们再一次走到washington运河桥边，天气已经转暖，雪也已经化尽，河边小道上不免有些泥泞，踩上去就像能挤出水来。空气中弥漫着一种甜丝丝的清香，不知道是来自哪里。运河没有结冰，水还是缓缓地流着，抬头看看天上，远处翻滚卷舒的云彩间，现出了几道诡谲的光影，事后想起来，它仿佛成了我在普镇四年的最后一个印象。

临别前在普镇华盛顿桥上看云彩

看看约翰·纳什的眼睛

【二〇一〇年到二〇一三年，我在普林斯顿大学东亚系客座，东亚系在壮思堂的二楼，据说曾是爱因斯坦的办公处。大概是台湾的艺术史学者傅申先生吧，给这座楼题字称作"壮思堂"。壮思堂与食堂所在的Frist Campus Center相连，我常常中午在那里就餐，有时，会看到一个清癯瘦弱的老者，在几个年轻人的簇拥下到食堂吃饭。有人告诉我，那就是《有你终生美丽》这部电影中的原型诺贝尔奖获得者约翰·纳什。偶尔有一两次，我看到他自己一个人来，因为没有人陪同，脸上便显出孤独和紧张。但没有想到，几年后，意外的消息传来，他因为车祸去世，这真让人悲哀。当年，我写过一篇有关纳什的文章，现在收在这里，作为我对普大生活的一份回忆。】

看《有你终生美丽》(*A Beautiful Mind*)，还是在这一届奥斯卡奖公布之前，觉得那个去年凭了《角斗士》而拿奥斯卡最佳男主角的澳大利亚人，把一个患了精神分裂症的数学家实在演绎得用力用心，而那个始终陪伴病中丈夫的女性，也真的伟大，导演很精心，一切都很好，唯一的遗憾只是觉得影片有些"以成败论英雄"，出了电影院，只问得妻子一句，"如果John Nash没有得诺贝尔奖又如何？"

一

纳什得了诺贝尔奖，《有你终生美丽》也得了奥斯卡奖。树大招风的缘故吧，大凡一个人或一个电影得了奖，就不免有吹毛求疵，有捕风捉影。就不算那些苛求酷评、八卦新闻吧,仅仅是各种"背景""花絮""故事"的纷至沓来,就可以瓦解电影刻意呈现给观众的意念和主题,也可以引起人们对主人公生活和思想的种种质疑。比如在奥斯卡评奖之前,关于纳什是否说过反犹太话语,就曾经引起议论,而电影获奖以后,关于纳什的身世家世的种种报道,又使得人们对电影主题发生怀疑。记得钱锺书在电话里婉拒一个采访者说,要了解那个鸡蛋,何必一定要了解生蛋的母鸡?真是通人之言。十年前吧,我曾经拿两句唐诗开过一个玩笑,唐代宋之问有名的诗《渡汉江》里,有"近乡情更怯,不敢问来人"两句,如果硬要考据历史和身世,那么,这正是宋之问从流放处潜逃回来时所作,一旦把诗与史联系起来,那么,这种离家越近越不敢开口问来人的诗句,意思就从对家乡的刻骨眷念变成了逃犯的心惊胆战。如此考据又何苦来哉。

不过,总是有人喜欢绕到后台去探一探究竟,看一看卸了装的主角。

二

本来,电影是理性人编写的,纳什从普林斯顿的数学天才到精神分裂住院,从精神病院回到普林斯顿的讲堂,以及"正常"到"可以应付诺贝尔奖颁奖典礼上的庄重场面",电影选取这一段故事,是对纳什"回归"正常人生活表示欣慰。电影试图引人动情的,一是经过艰难卓绝的自我控制,纳什终于得到"常人"和"社会"的认同,二是同样"正常"的纳什之妻,用正常人的理性和耐力,唤回了纳什。人们为纳什回到"正常"而高兴,"理性"在影片里欢呼着自己的胜利。

这让我想起一个佛教的故事,故事出自《杂譬喻经》,意思却好像相反。据说有一个王国,常常下一种奇怪的雨,如果雨水落在江河井池之中,喝了这种水的人就会狂醉七日,全国的人都饮用了这水,于是"皆狂脱衣赤裸,泥土涂头",只有国王很聪明,他盖上了井口,所以没有精神迷乱。国王穿着平常的衣服,用了冷静的眼睛看着一众发狂的人，可大众并不知道自己狂乱，反而觉得国王很孤独很可怜，一力要给国王治病。在大众汹汹的压力之下，国王只好自认"我有良药能愈此病"，也脱下衣服，以泥土涂脸，使大家齐声欢呼起来。这个故事也收录在《经律异相》第二十八卷，它让我想到福科的《颠狂与文明》，也想起了《宗镜录》里的话："狂醉见闻，事何真实，昏梦境界，忧喜皆虚"。

于是，不由得怀疑起来，究竟是谁处于"狂醉"之中，在狂醉的大众普遍的眼睛里，穿了整齐的衣服，不用泥土涂脸的国王是疯的，如果让他们来拍一场电影，最后一定是国王治好了病，获得了大众的欢呼，就像诺贝尔奖颁奖典礼上的约翰·纳什。

三

真的治好了"病"吗？前几天我看一个采访纳什的专题片，却悚然一惊。纳什在答记者问的时候，有意无意中用了一个词"世俗之人"来指代我们所说的普通的、正常的"人"。"那些（幻觉中的）声音和形象像数学一样真实"，他说。偏偏电视专题片一开头以特写镜头拍摄了他那双似乎混浊，而又潜含了狡黠的眼睛，我仿佛觉得，在他的眼睛里充满了嘲讽、暗昧和揶揄。不知为什么，让我想到中国古代一出戏曲《倩女离魂》，我感觉他好像是离魂者，跳出他的躯壳在反观这个有秩序的社会和有理智的我们，他不仅在看我们，好像也在看自己，他抛出一个"我"来应付这个使他不得不"正常"的社会，赢得诺贝尔奖，赢得《有你终生美丽》的掌声，赢得多少"正常人"的泪水，可他，却冷冷地在暗中看着这一切，他有两个"我"，一个在无可奈何地和我们周旋，一个在看着那个无可奈何的"我"和我们周旋。

《庄子》中的那个著名故事说，"昔者庄周梦为蝴蝶，栩栩然蝴蝶也，自喻适志与！不知周也。俄然觉，则蘧蘧然周也。不知周之梦为蝴蝶欤，蝴蝶之梦为周与？"

四

又有一个奇怪的联想。大陆出生的五六十岁这一代人，没有看过《红岩》的人不多，记得华子良的人不少。华子良是被当年国民党关押在渣滓洞、白公馆那一批革命志士中，身份最特殊的一个，因为他从进来的时候就装疯，而且一装就是好多年，所以，押他的人都麻痹大意，觉得他就是这么一个"疯子"，也任他出出进进，最后，终于被他钻了空子，救了好些人出来。这个现代版的"卧薪尝胆"故事，后来成了传奇，还一而再再而三地被添油加醋，不断有新的故事传出来，据说真有其人，而且还活了好多年。我总琢磨着，这个华子良，在他装疯卖傻的时候，看满牢房乱走乱忙的特务，大概心里暗暗生出鄙夷来。

纳什是华子良吗？我看着纳什的眼睛，不由地从佛经联想到道典，从道典又联想到华子良，从心底里掠过一丝寒意。

普林斯顿的几个历史学家
——读陈建守编《时代的先行者——改变历史观念的十种视野》

在二〇一〇到二〇一三年间,我有机会连续四年到普林斯顿大学东亚系访问,虽然我的老朋友艾尔曼教授是历史系和东亚系两边的教授,不过他主要在东亚系,所以,我和历史系那边的教授往来不多。稍稍熟悉的是撰写了Worldly Philosopher也就是赫希曼传记的Jeremy Adelman教授,他是研究南美史的专家,那段时间对全球史特别上心,每次见面,总是聊全球史。后来他还送给我一册他主编的 *World Together World Apart*,这确实是一部非常好的全球史通识书。不过,对于普林斯顿大学的历史系,我还是有点儿好奇。这次读陈建守编《时代的先行者——改变历史观念的十种视野》(台北:独立作家,二〇一四),倒是让我多了一点儿对普大历史学家的了解。

这部书其实是翻译十个享有盛名的历史学家、社会学家和人类学家(劳伦斯·史东、卡尔·休斯克、保罗·奥斯卡·克里斯特勒、娜塔莉·戴维斯、克利夫斯·纪尔兹、彼得·布朗、彼得·盖伊、格尔达·勒纳、乔伊斯·爱波比、查尔斯·提利)在美国学术团体联合会(American Council of Learned Societies,简称ACLS)主办的,以哈斯金斯(Charles Homer Haskins, 1870–1937,著名历史学家,曾担任ACLS主席)命名的"学思历程"(The life of Learning)系列讲座上的演讲。这些演讲涉及这些学者自己的历史、社会与文化研究的理念,有很多值得思考的地方。但我仔细看了这十个人的履历后,却有一点儿意外,这就是这些学者中除了犹太人比例很高之外,我发现,这十个学者在普林斯顿大学历史系任过教的居然有四个。

提倡历史学应当有叙事风格而闻名世界的劳伦斯·史东(一译斯通,Lawrence Stone, 1919–1999),就是普林斯顿大学的历史教授。史东说,他对年鉴学派"特别喜欢在静态的'结构'和动态的'局势'之间,做方法论上的区分,并认为若将他当作最佳方法是值得怀疑的。我也不太能接受他们发源于经济学和人口统计学的基础,经过社会结构的中间层,到意识形态、宗教、政治信仰以及心态所衍生的上层结构,这种决定历史发展的三层模型"(74页),他把这种思路比喻为"结婚蛋糕式"的分析模型,并指出它会预设物质的优先地位要高于文化因素。所以,他才会强调"叙事"的复兴,因为只有这样,历史才能够超越死板的结构,呈现更鲜活的内容。我也很赞成他的这个看法,现在历史著作越来越没有趣味,没有生气,好像就是受到了这种"社会科学模型化"的影响。史东的一句话很有价值,他说,"我所有的作品都以两个有关历史进程是如何变动的基本假设为基础,第一个假设为重大的时间必然有重要的起因,而不是只有琐碎的缘由;第二个是所有重大的事件必然都有多重的原因"(75页)。他坦承,因果关系并不是错的,但是单线条的因果关系很糟糕,所以他说,"多种趋势相互强化的反馈模式,要胜过因果关系要素直线排列的阶序构造"(76页),当你要寻找多种因素的纠缠总和时,你就不能简单套用某种看上去切得整整齐齐的模型。有趣的是,他自己说,这种想法部分刺激来自一九六三年他从牛津到普林斯顿。可见,普林斯顿的历史研究风格,与法国年鉴学派有相当大的差异。

另一位曾在普林斯顿大学任教的娜塔莉·戴维斯(Natalie Zemon Davis, 1928–),也非常称赞普林斯顿,说这是一个"热情、有礼,又富有特色的地方",她原本以为普林斯顿是常春藤大学中最"不犹太人"的,但是,她没有想到,这里不仅有犹太人饮食俱乐部(176–177页)——顺便说一下,这个俱乐部常常人来人往,我曾经几次从Frist Campus Center眺望对面这个俱乐部,却从来没有造访过它——而且历史系居然还有一个年轻教师,专门讲授犹太历史。她十分称赞劳伦斯·史东领导的戴维斯历史研究中心(Sheldy Cullom Davis Center for Historical Studies),甚至把自己的著作《档案中的虚构》(台北版,杨逸鸿译,麦田出版,2001)献给史东。她的作品中,除了这本之外,还有一个非常有名的,就是拍成了电影的

《马丁·盖尔归来》(中译本,刘永华译,北京大学出版社,2009年),讲述的是十六世纪欧洲比利牛斯山区,一个男人曾经被一个有妇之夫误认为是自己丈夫达三年之久的故事,她不仅把它拍成电影,而且把它当作民族志的研究课题。从这里也许可以看出普林斯顿大学历史系多样开放的学风。

此外,本书中的另一位名人,活了一百岁的历史学家卡尔·休斯克(Carl E.Schorske, 1915–2015),也在一九七〇年代任教于普林斯顿大学。不过据他说,那时候历史系"社会科学蔚为主流"(109页),这有一点儿奇怪,好像和史东说的情况不太一样(又,此书中的著名人类学家纪尔兹,即Clifford Geertz, 1926–2006,也曾在普林斯顿高等研究院长达三十多年,当然,普林斯顿高等研究院和普林斯顿大学是两码事);不过,重视资料和追求方法,在历史学研究领域中大概还是并行不悖的,到了一九八〇年代,据本书中的另一位普林斯顿大学历史学家彼得·布朗(Peter Brown, 1935–)说(也是一九八〇年代来到普大的),他与撰写《注脚的悲伤历史》(*The Sad History of Footnote*,按:这部书的英文书名应当是*The Footnote:A Curious History*,北京大学出版社中译本书名是《脚注趣史》)的历史学家格瑞夫顿(Anthony Grafton)关系很好,他特别称赞普林斯顿的丰富藏书,给重视历史证据的学者提供了最好的条件,他提到Firestone图书馆、Marquand图书馆,以及神学院的Speer图书馆,这让我想起那几年在普大各个图书馆间穿梭往来的日子,只是他没有提到,如果是一个东亚历史研究者,在普大也会因为胡适曾经任职过的葛思德图书馆(Gest Library)而喜出望外。他在演讲中戏称,普林斯顿可以说是"西方世界的注脚之都"(The Footnote Capital of the Western World),他的意思大概是说,重视文献的广博,是普林斯顿历史研究尤其是古典历史研究的一大特点,他认为"有些东西,一定得透过丰富扎实的注脚,才能做得尽善尽美。渊博和真材实料的学问,是进入晚期古典研究核心领域的不二法门"(244页)。

这也许可以算是普林斯顿历史学学风的一个注脚?

(二〇一七年)

[辑五]

奈当下何

我不知道用什么来形容中国当下的精神状态。有人说,我可能是最悲观的理想主义者。按道理说,大凡理想主义恰恰应当保持乐观,因为他坚信"前途是光明的",尽管"道路是曲折的"。可在中国却偏偏不是,理想主义者常常在现实面前觉得沮丧,"知我者谓我心忧,不知我者谓我何求",也许这就是宿命。怀抱理想的人,总是一次又一次地失望,就像燃灯者总是一次又一次地在暴风雨中看到残灯熄灭一样。

人文学科拿什么来自我拯救？

一

陆陆续续传来的消息，对于人文学科来说，似乎都让人沮丧。人文学科越来越边缘化，似乎已经没有人特别在意人文学科的生死存亡。二〇〇六年，韩国国立首尔大学发布转专业名单，人文学科有八十二名学生提出申请转换专业，获得批准的59名学生中，除了九人仍然留在人文学科，大多投向了经济、法学和管理这些可以"立竿见影"的社会科学专业。二〇〇九年，据说，中国的清华大学录取了四五十个文理两科的"高考状元"，文科有十八个状元的志愿是经济管理学院，很少有人愿意学习人文学科；二〇一〇年，英国密德萨斯大学（Middlesex University）取消了哲学专业，理由是本科生太少，这让很多人对它那里很著名的"现代欧洲哲学研究中心"是否能够存在产生忧虑。

这让人文学科的学者们忧心忡忡。当年，鲁迅和郭沫若从"医"转"文"的事情，现在听起来仿佛是天方夜谭，现在还有谁会这么傻，愿意丢掉金饭碗去端泥饭碗？所以，中国也好，外国也好，人文学科都似乎岌岌可危。二〇〇四年，我的老朋友，中国社会科学院的赵园教授，曾经在全国政协会议上还发出"救救人文学科"的呼吁。而二〇〇八年美国学者Stanley Fish在《纽约时报》的博客上也写了这么一篇文章，Will the Humanities Save Us？他指出，如今艺术与人文学科最不容易得到资助。大学的学科得不到资助，仿佛被扼住喉咙断了粮，当然生命就暗淡没有希望。这好像是一个普遍的现象，用马克思《共产党宣言》开头那句著名箴言来形容，就是一个蔑视人文学科的幽灵，似乎已经在全世界徘徊。

二

这种全球性的人文学科危机,原因很复杂,一方面要归咎于现代商业化社会带来的实用风气,另一方面也受政治意识形态对自由人文研究和探索精神的影响。一九九〇年代初期,在中国就已经有人讨论"人文精神"的失落,不过,那还不是讨论"人文学科"的衰落,毕竟那个时代,人文学者声音还是洪亮和有力的,他们在洪亮而有力地追问"人文精神"为什么失落?那么,为什么现在不仅是"精神",连"学科"也越来越充满了无力感?我总在想,除了这些客观环境和外在风气,那么,人文学者是否也需要对自己的专业、知识、方法进行反省?

毫无疑问,人文学科能找到理由为自己辩护。人文学很有"用",你看,历史学承担着回溯传统,建立民族、国家认同的责任,我们看到,以色列在强敌环伺的生存环境中,如何重新书写犹太人的光荣历史,我们也看到日本、韩国对于自己民族与国家历史甚至神话的渲染,欧洲为了一体化而共同书写欧洲史教科书,布罗代尔这样的历史学家也在为建立欧洲认同重写欧洲历史教材,俄罗斯也对自己的历史教材郑重其事,最高当局三番五次地关照这个看来并不起眼的事情,二〇〇七年国家杜马授权政府重编《俄罗斯历史(1900–1945)》,为的是对大清洗、大饥荒、二战、斯大林、赫鲁晓夫等历史重新检讨。而文学呢?人们都会同意说,它承担着提升国民的教养与风度的重任,让国民在传统的熏陶下,谈吐有致,成为受尊敬的人,同时又让国民学习其他民族和国家的想象和表达,成为有文化的"世界公民",在理性时代它往往充当了理想和信仰的激活剂。而哲学和宗教呢?不消说,它更是了不得,它承担着国民的信仰、智慧和精神,人与动物不一样的地方,就是人会超越自身的生存去思考一些抽象的、精神的问题。所以,我们能够没有文史哲吗?

可是,上面这些人文学科的自我辩护,已经讲了无数遍,也已经讲了很多年,看上去理由充足,没有什么可以否认可以反驳的,那么为什么人们仍然漠视人文学科？为什么有那么多人文学者对自身的存在忧心忡忡？

三

谁也不会反驳这些有关人文学科伟大的理由。这些年来，焦虑的学者们已经说得太多，有时候，说得太多反而会把绝对真理说成陈词滥调。所以，你不能总用"精神""心灵""品格""情操"之类空洞的口号，来宣泄焦虑，说服人们，也不能总借着"通识教育""全人培养"这样看起来堂皇的标签，来保护人文学科的一亩三分地。"认同""修养""素质""人格"之类的话虽然有意义，但画饼充饥保证不了人文学科的现实存在。我们常常听到自然科学出身的学者说，你这一套谁不会？写写美文，讲讲风月，谈谈心灵，我们也一样可以，甚至不比你差。

问题可能就在这里。这些悬浮在专门知识之上的高谈阔论，确实并不是人文学科或者人文学者的专利。现在要追问的关键是：什么是人文学科能，而其他学科不能？什么是必须经由人文学科训练才能达成，而其他学科的训练却不能达成？什么是必须在大学的人文学科中专业地学习，而不能仅仅凭着业余爱好自学而成的？请注意，这才是人文学科有必要存在的基础。我常常痛感的是，如今大学里的人文学科，无论教师还是学生，常常忽略这些看上去形而下的艰苦训练，却把那些浮光掠影、吟风弄月的本事，当作自己的看家本领，或者把大学严格的专业训练，仍然看成业余爱好和兴趣的延伸，看上去花团锦簇，实际上花拳绣腿。

必须区分作为知识专业的人文学科，和作为良心及修养的人文精神，也必须区分经由严格训练而成的专业学术，和仅凭热情与模仿而成的业余爱好，换句话说，就是必须区分什么是业余的模仿和自学所不能得到，什么是无须专业训练，只要刻苦自学和模仿就可以得到的，只有这样，大学人文学科和人文学科的研究院，才能明白自己的职责所在。我总觉得，至少有五个方面很重要：首先是语言能力，包括精通一种或多种外文，也包括准确地使用本国语文，而不是任意创造或者胡乱涂鸦；其次是常识，即对于本领域基本知识有准确和全面的了解，既不能蜻蜓点水，也不可畸零残缺，再次是对文献与材料的鉴别能力和考据能力，不仅对文献的真伪、轻重、是非有严格认知，而且不是空口说白话，抓到篮子里就是菜那种随意；接着是对问题的分析与批判能力，它应当是"持之有故，言之成理"，也就是懂得如何建立逻辑和提出证据，懂得全面而不偏颇地讨论问题，而不是任意挑选或随意开口；最后是懂得人文学术研究的规范与纪律，不能够抄袭他人，不能够隐瞒证据，漠视学术史积累和违背学术界规则。

可是，我看到现在大学尤其是文史哲学科中，老师教学生的时候，有太多的随意、任意和轻易。这也许让学生感到很轻松，可是，如果哗众取宠可以获得好评，如果信口开河可以博取掌声，如果牢骚讽刺可以赢得喝彩，那么，人文学科教育最好的结果，可能只是培养了一大批"名嘴"和"清客"。我说的这些，看上去都是常识，可是常识却恰恰是基础，而基础最容易被忽略。

四

当然，在这样的专业知识基础上，你再谈论那些宏大的精神、认同、人格、素养等，仿佛才有力量。专业学术知识往往是你说话的"信用"基础，有如银行要想让人觉得它可靠，要有庞大的资金基础保证，而这个时候你所说的社会意义，才如同可以兑现的"存款利息"，让顾客愿意交钱存款。如果你和普通大众一样，没有知识和专业，凭什么让人相信你说的？如今所谓"公共知识分子"在媒体上发言，其公信力往往来自他是"教授"、他是"专家"、他有"知识"。

当然，我们除了需要人文学科守住专业的底线之外，更希望人文学者能够介入社会生活，深入大众领域，提出有意义的话题。回顾历史，可以反思的是，为什么欧洲16—18世纪的人文学科如此兴盛？为什么那个时代的人文学者不需要自我焦虑与自我辩护？就是因为在那个历史的变动时期，他们始终在批判在追问，他们批判的，是人们希望批判却没有能力表达批判的；他们追问的，是人们希望追问却无从追问的。他们提出了走出神学笼罩时代的种种命题，论述了理性、自由、科学的价值和民主的政治等。在那个时代，他们影响了大众，反过来也确立了自身学科的价值。

曾经，中国也有过这样的时代。一九八〇年代文化热中，为什么是人文学者一呼百应？能够提出话题，影响公众，当然是人文学科的学者应当做的事情，特别是当你的嘴巴没有被封起来，你的大脑还能够自由和独立思考的时候。我一直在说，不仅要有充满现实关怀的人文课题，要重建批判精神和思考能力，也要有高明的学者去占领文化传播的领地。

五

我在大学教书，这些年看到大学的人文学科确实在渐渐衰落。

我们拿什么来拯救人文学科？请原谅，我还是要再回到最底线、最起码的话题。尽管上面讲的社会关怀、人文精神、自由意志、追寻真理都很好，但是"万丈高楼平地起"，我仍然觉得要呼吁人文学科建立自己的知识基础。记得前几年，曾经惊喜地看到在某著名大学有这样一门课程，叫作"人文学科导论"，我满心以为这门课可以解开我对人文学科的内容的疑惑，可是仔细一看，它说人文学科是"智慧"，具有根源性、历史性、特殊性、综合性、经典性。这种空洞的说法听完之后，你知道人文学科是干什么的吗？我只是倒抽一口凉气。

不要怨天尤人，首先自我反省。有句老话说，"打铁还需身板儿硬"，所以，首先需要回过头来看看自己学科的状况。如今，不仅我们的学科内容变得如此空洞无力，而且我们在大学的教学也渐次有如浮云。哗众取宠的插科打诨成为当红的课程，坐在云端不着地的空谈高论成为时尚的风气，以一知充百知的批评撑起横扫千军的高调，钻头觅缝在鸡蛋里面挑骨头成为表现自己高明的捷径。一些人若干年一贯制地念诵早就落伍的教材，一些人则干脆满嘴跑火车，根本没有教学计划把传授知识变成清口或相声。本科、硕士、博士的知识和课程根本没有必要的进阶，好像可以坐电梯，"上上下下地享受"，而一些本来不需要在大学训练的文人风雅，却成了大学最受欢迎的学习内容。如果大学人文学科是这样的课程，那么何必专门化四年、七年甚至十年在这里，焚膏继晷地苦苦学习？如果大学人文知识就是这些业余可以模仿习得的东西，那么何必还要这些拥有博士、教授头衔的人在这里坐馆？

(写于二〇一二年)

谛听余音[1]
——关于学术史、民国学术以及"国学"

犹豫再三,终于在朋友和编辑的鼓励下,把二十年来纪念已经逝去的学者的二三十篇随笔,重新编辑了这个选集。照例,交出文稿,就该写序和定名,可是,用什么为题?写什么作序?我却很彷徨。原来这些文章,大概有近十篇不曾编入各种集子,但也有十几篇,曾经分别收入前些年出版的《考槃在涧》(1996)、《并不遥远的历史》(2000)、《本无畛域》(2010)几本随笔集里。现在回想,编那几本集子的时候,我对学术界还算有信心,总觉得前辈学者余荫犹在,如果"发潜德之幽光",沿着余波或许仍可以溯流向上。但编这本集子时,我的心境却很苍凉,觉得前辈的身影,连同一个时代的学风与人格,仿佛在暗黑之雾中渐渐消失,不由得想到的却是"余音"这个多少有些无奈的词语。尽管说,"余音绕梁"也可以"三日不绝",但是"三日之后"呢?因此现在我想到的,却是"余音"或成"绝响",总会袅袅远去。

趁着重新编辑出版之际,不妨说几个萦绕心中已久的话题,也算是一个"坦白交代"。这几个话题,第一个是晚清民国学术究竟如何评价?第二个是有关传统中国的文史研究,为什么一定要把它叫"国学"?第三个是时代,以及独立与自由的环境,对人文学者究竟意味着什么?这些话题原本太沉重,并不适合在这种文字中表达,而且,下面说出来的话也太学究气,不过骨鲠在喉,只好请读者耐心地听我絮叨。

---

[1] 这是我的一部书《余音:葛兆光学术史随笔选(1994–2014)》的序文。

一

据说,二十世纪九十年代是一个"思想淡出,学问凸显"的时代。究其原因,大概是因为思想不好直接讲,所以便只好热衷谈学术。也正是从那时起,很多有关晚清民国学者的评论文章出来,我也从那时起,陆陆续续写了一些有关学者的随笔,到现在数下来,还不止这二三一篇。这种对过往学术与前辈学者的缅怀、悼念和追忆,害得一些怀念八十年代的朋友以为是"思想落地,学术上天"。其实仔细琢磨琢磨,就知道并不是那么回事儿。说是学术,背后还是思想甚至还有政治,准确地说,这还是八十年代"以文化批评政治"思潮的延续。在我看来,这些有关学者的随笔,并不算是学术史,最多只能算"学术史别页"。尽管我写了不少有关沈曾植、王国维、陈寅恪等人的文章,但我总觉得,把这些别有怀抱的随笔看成学术史,其实多少有些误会,真正的学术史,应当讨论的是"学"。比如,谈王国维,应当讨论的是他的古史之学、甲骨文字之学、蒙元辽金史地之学,而不是他在颐和园的自沉;谈陈寅恪,应该讨论的是他的那些预流之学问,比如中古历史与宗教研究,而不是他在《王观堂先生纪念碑》上说的"自由之精神,独立之思想";至于周一良,学术史最好讨论他的中古史、佛教史和日本史研究,而不是那本《毕竟是书生》。

不过话说回来,学者也和普通人一样,身处社会,必然受到社会变动的影响。特别是晚清民初以来,中国经历"二千年未有之巨变",原本"天不变道亦不变",现在却"瞠目不知时已变"。国家与民族的动荡不安,把所有学者抛进巨浪颠簸之中,且不说帝制王朝与共和政体的交替,民族危亡与思想启蒙的冲突,民族本位与世界主义的抉择,就是业已习惯的旧传统与汹涌而来的新潮流,赖以自负的旧学问与需要追逐的新知识,习惯面对的旧朋友和不得不面对的新贵胄,也已经把那个时代知识人的心灵撕得四分五裂。

因此,在这些学者身上,你也看到了时代的吊诡、潮流的变迁和思想的动荡，这些有关知识、思想和信仰世界"变"与"不变"的经历，成了我写这些学者随笔的主要内容，用有关沈曾植的那一篇文章中的话来说，就是学术史与思想史有些分不开。那个时代，学术和思想在互相刺激，知识与政治在彼此纠缠，理智与情感在相对角力。二十世纪非常特别，充满政治化的环境，使得知识分子的命运与处境也非常特别，这个时代，没有退隐山林、没有袖手旁观、没有骑墙中立，就好像那句著名口号"华北之大，放不下一张平静的书桌"一样，时代逼着你不归杨，则归墨，置身事外是不可能的。

"灵台无计逃神矢，我以我血荐轩辕。"在这两句诗里，最让我看重的就是"无计"二字，仿佛写尽满怀的无可奈何。在《阴晴不定的日子》这篇随笔中，我曾记述了一九二七年六月二日那天，王国维从容写下"经此世变，义无再辱"，然后自沉昆明湖的经过，在这里不妨再接着看受命整理王国维后事的陈寅恪和吴宓。十几天之后的六月十四日，仍是在清华园，深夜，陈寅恪与吴宓长谈，吴宓觉得，自己面对旧理想和新世界，就像左右双手分牵二马之缰，双足分踏两马之背，"二马分道而驰。则宓将受车裂之刑"。陈寅恪则安慰他说，这个时代的读书人，必然面临痛苦，"凡一国文化衰亡之时，高明之士自视为此文化之所寄托者，辄痛苦非常，每先以此身殉文化"。几个月后，陈寅恪把这层意思写在了纪念王国维的《輓词》里，在小序中他说，"今日之赤县神州值数千年未有之巨劫奇变，劫尽变穷，则此文化精神所凝聚之人，安得不与之共命而同尽"？

这实际上是那个时代的精神史，却不能说是那个时代的学术史。

二

所以，我在这里还是把话题转回学术史来。

这本集子里面写到的人物，除了少数之外，大多人的学术生涯，都经历过二十世纪上半叶，换句话说，好些人都可以称为"民国人物"。

除了杨文会在民国前夕逝世之外，沈曾植以下，王国维、吴宓、陈寅恪、顾颉刚、潘光旦、罗常培，好些都是在民国学界最活跃的学者，就连周一良这个活到了二十一世纪的学者，他的学术黄金时代，也有一大半应当算在一九四九年以前。这让我不得不面对近来一个颇有争议的热门话题，就是如何评价民国学术（这里，我把晚清也算进来，统称"晚清民国"）。

评价实在很困难。序文不是论文，还是说一些随意的感想吧。以前，杨联陞先生写过一篇文章，题目叫作《朝代间的比赛》，现在争论晚清民国学术好还是不好，多半也是"朝代间的比赛"，无非是拿了本朝比前朝，或者是拿了前朝比本朝。较长论短之际，不免有立场的差异，也有观念的分歧，还有感情的偏好。大凡相信"长江后浪推前浪"这种进步学术史观，如果再加上捍卫本朝荣光的立场，自然可以罗列不少"前修未密，后出转精"的例子来傲视前朝；大凡有些怀旧情感，如果再加上对现实学术情状持悲观态度，也往往会隔代遥祭，为学术另寻道统，拿了业已大浪淘沙后前贤留下的精品，为现在的学术截长续短。

学术史不能这样"比赛"。大凡比赛，以上驷对中驷、以中驷比下驷这样的孙膑兵法常常出现，更何况人文领域也没有办法按"比赛成绩"来排名次，颇有一些人喜欢弄"点将录"或者"龙虎榜"，这只是把学界当作军棋做沙盘推演，想象这是真枪实弹的厮杀，但这毕竟是"纸上谈兵"，也绝不是真正的学术史。我在一次研究生的学术史专题课上曾经说，真正意义上的学术史要讨论的有几方面：第一，学术史要说明今天我们从事的"现代学术"，是怎样从"传统学术"中转型而来的？也就是说，学术转型是一个重点。第二，学术史要指出这一"学术转型"的背景和动力是什么？是域外刺激，是学术制度变化，是新资料新方法的推动，还是政治情势、国家危机和国际环境的作用？第三，学术史还要说清楚一个时代学术研究的趋向、理论和方法，什么是重要的，什么是改变的，什么是显著的主流，什么是被压抑的潜流？只有这样，学术史才能够给今天的学者指明，过去如何变成现在，现在又应当如何变成未来。

要是我说的没错,那么,不妨平心静气谛观这一段学术史。因此,对于晚清民国学术的评价,可能就要看这样几个大关节。

第一个大关节是"学术转型"和"典范转移"。公平地说,这个时代不仅在政治上遭遇"二千年未有之大变局",在学术上也堪称从传统到现代的"轴心时期"。梁启超《新史学》之后,原来的四部之学变成文史哲三分天下,西洋的各种理论和方法纷纷涌入,加上科举废除,新学堂、新知识、新式教科书,连同报纸杂志,逐渐把传统学问做了一个大改造。所以,中国哲学史截断众流,中国文学史改旧换新,中国古代史重新书写,整个学术变了一个模样。现在你再回看我们自己现在从事的所谓"学术",可不仍然在这一巨变的延长线上?

第二个大关节是"新发现"和"新解释"。一九二〇年代,王国维在《库书楼记》《最近二十年间中国旧学之进步》(署名抗父,但多数学者相信出自王国维本人手笔)和《最近二三十年中中国发见之新学问》(清华学校的演讲)里面,曾三次提醒说,"古来新学问起,大都由于新发现"。为什么?因为晚清民国恰恰是大发现的时代。甲骨卜辞、敦煌文献、居延汉简、大内档案(以及胡适指出的日本、韩国有关中国文献)等,恰恰在这个时代被发现,说是偶然却也是必然。就像王国维说的,何以西晋汲郡竹书不能激荡起学术波澜?而晚清民国的大发现却把学术界搞得天翻地覆?就是因为这个时候新资料的重见天日,正巧遇见新学理的所向披靡,于是像化学反应一样,激荡出无数新问题。你可以历数殷商史的重新解释、中西交通的走向前沿、明清社会史的巨大发展,以及宗教研究的视野扩大等,都和这些新发现的"发酵"有关。至今学界颇有影响的考古学(对于早期中国城市、国家形成的历史)、古典学(如走出疑古和简帛之学)、敦煌学(抄本时代、图像证史、中外关系、外来宗教、俗文学等)、艺术史(对于古代建筑、石窟、雕塑、图像的研究)、社会史(从明清档案中重写明清社会)、"新清史"(通过满文资料重新讨论清史),甚至最近我提倡的"从周边看中国"等,也都是在追踪晚清民国前贤的足迹而已。

第三个大关节要提到的是"自由环境"与"时局刺激"。晚清民国的政治强人未尝没有王安石那种禁绝"异论相搅"的念头，但晚清正处乱世，民国政府不强，加上从帝国而共和，总需要顺应民主自由大势，因此，对学术的控制相对松一些，这给晚清民国的学术带来自由空间。比如所谓"黄金十年"（1927-1937），章太炎、梁启超影响犹在，胡适、顾颉刚正是当红，陈寅恪、傅斯年成为主流，柳诒徵、缪凤林也依然不弱，就连被胡适后来斥为"反动"的钱穆等人，也照样进了大学当教授。特别是，这半个世纪里面，风云诡谲、政局多变，加上从帝制到共和，既统一又分裂，刚启蒙又救亡，时势对于学术提出太多的问题，也刺激了太多的思想，因此，这个时代的学术，就有着传统时代所没有的内在紧张、丰富内涵和多元取向。

所以，不必搬前朝万神殿，也不必拿本朝功劳簿，我们只要看看一九四六年顾颉刚写的《当代中国史学》就可以明白。千万不能有后来居上的盲目自大，那个时代机缘巧合，时势催人，确实促成了人文学术的现代转型，也拓展了人文领域的知识扩张，更成就了一批至今还值得纪念的大学者。

三

有意思的是，这些值得纪念的学者，有好些现在被戴上了"国学大师"的帽子。在现在"国学"不仅得到官方首肯，而且被列入体制作为学科，各地纷纷成立国学院，以"国学"颁头衔、发奖状的潮流中，把这些学者放在"国学"祠堂里面配飨陪祭，这让我不得不讨论长久以来一直避免直接批评的所谓"国学"一词。

记得李零兄曾经讽刺"国学"乃是"国将不国之学"，这也许稍嫌苛刻，但是他确实说到了一个关键，就是在过去中国自诩天朝，自信国力与文化还无远弗届的时候，传统文史无所谓"国学"。重提"国学"，大概要到中国不得不从"天下"（帝国）转型至"万国"（现代国家），而且还面临新的民族国家深刻危机的时候,那种严分"我者"与"他者"的界定,促使二十世纪初的中国学者借了日本国学(其实还应该注意明治二十年之后日本兴起的"国粹主义")之名,催生了现在的"国学"这个概念。一九〇五年,邓实接连写了《国学原论》《国学微论》《国学通论》《国学今论》四篇文章,大力提倡"国学"这个称呼,但就是邓实自己,也说这只是仿照欧洲的古学复兴,毕竟复古还是为了开新。在《古学复兴论》中,他把自己的意图和盘托出,表示这是借助"国学"追溯根本,以古学换取"复兴"(所以,有章太炎以及一九一二年马裕藻、朱希祖发起"国学讲习会""国学会",罗振玉和王国维一九一一年曾办"国学丛刊")。

可是,毕竟"古"不是"今",现代学术已经与传统文史很不一样。仅仅就史学而言,晚清民国以来,有关中国历史观点的最大变化,是"空间放大"(从中央正统王朝到涵盖四裔之历史)、"时间缩短"(把三皇五帝的传说神话驱逐出去,让考古发现来重建历史)、"史料增多"(不仅诸多发现至今仍在继续,历史观念变化也使得更多边缘资料进入历史书写)和"问题复杂"(各种价值观念、分析立场和评价角度,取代了传统或正统的历史观念)。这四大变化已经从根本上改变了人文学术世界,仅仅用"国学"来表达有关中国的学问,即使不是圆枘方凿,至少也是"穿一件不合尺寸的衣衫"(这里借用我过去一篇文章的题目)。

怎么不合尺寸?从"国"这个字来说,现在所谓"国学"门径很窄,似乎并不包括汉族之外即以前陈寅恪所说的"异族之史,殊方之文",如果说"国"就是汉族中国,是二十四史一以贯之下来的中原王朝,这当然还勉强好说(恐怕也难以涵括元朝与清朝),但是,如果你还想维护满蒙回藏汉苗的"五族(或六族)共和"的"中国",这个习惯于追溯三皇五帝、捍卫周孔程朱之学、动辄要制礼作乐的"国学",似乎就犯了"政治不正确"的错误;从"学"这个字来看,现在国学提倡者的所谓学问,恰恰和前面我提到的现代学术四个变化冲突。按照传统文化认知,中国文化总是在儒家文化范围或正统王朝范围,这就与"空间放大"不合;按照传统历史观念,中国历史不得说上溯三皇五帝,至少也得说到尧舜禹汤文武周公，可是这就和"时间缩短"不合；按照传统文献范围，那些敦煌文书、甲骨卜辞、大内档案和居延汉简之类，大概并不是习惯使用的资料，更不消说域外文献、考古发掘、田野调查，显然和"史料增多"也不吻合；至于捍卫儒家、理学主流文化，最多勉强纳入佛教道教资源，在预设"弘扬优秀传统文化"的前提下进行学术研究，也完全不符合"问题复杂"的取向。

我出身古典文献专业，原本以为，我在大学里学的目录、版本、校勘、文字音韵、训诂五门，加上经、史、子、集四部，就应当基本是所谓"传统学问"，该算为"国学"。可没想到，现在所谓"国学"，仿佛比这个"传统学问"还要狭窄。看某些人的国学观念，似乎要回到汉代经学、宋代理学和清代考据学的时代，仿佛只有这样才出身清白。可是，这个时代其实已不是那个时代。一九三〇年，陈寅恪给陈垣《敦煌劫余录》写序的时候，接着王国维"新学问由于新发现"那句话再次说到，"一时代之学术，必有其新材料与新问题"。他说，用新材料来研究新问题，这就是这个时代学术的新潮流。做学术的人，如果能进入这个潮流，叫作预流，如果不会用新材料，不会研究新问题，你叫不入流。

其实，回头看看那个时代的学术史就明白了。这个时代出现的新学术潮流有三：第一是充分重视新发现、新资料的运用，我们看到当时的新材料，都刺激出了新问题；第二是突破传统中国历史的空间，寻找中国周边各种殊族和异文，这就是前引陈寅恪所说的"异族之史，殊方之文"，寻找这样的东西，从周边来重新研究传统中国；第三是中学与西学的汇通，就是把中国传统学问和西方理论方法自觉地结合起来，形成新的研究途径。陈寅恪曾总结过三句话，这三句话虽然是说王国维，但也归纳了当时学术的新方向：第一句话是"取地下之实物与纸上之遗文互相释证"，也就是用地下考古发现的各种实物和现在传世文献上的文字材料来相互证明。第二个是"取异族之故书与吾国之旧籍互相补正"，就是外族的文献和中国的史书互补，像研究辽金元、西北史地就要通过这个方法。第三个是"取外来之观念与固有之材料互相参证"，就是用外来的新观念、新理论跟我们中国本身所有的材料来互相证明，这样可以在旧话题中开出新思路。

这是"国学"？记得季羡林先生为了弥补"国学"这个概念的问题，很勉强地提出了"大国学"，虽然用心良苦，其实徒费苦心。

四

在纪念各位前辈学者的这个选集中，我特意收入两篇"附录"。

"附录一"是《运化细推知有味》，讲现代的佛教史研究。其实，我的话中话就是"时势比人强"。学术史的进与退，学者的幸与不幸，一个领域的平庸和不平庸，不完全在那几个天才。近来，人们特别喜欢"天才总是成群地来"这句话，但是天才成群出现，其实主要还是因为时代。我最近一趟去法国，看了好些个博物馆，深感十四至十六世纪的意大利和法国，出现那么多艺术天才，留下这么多艺术珍品，真的不全是他们的天资、聪明和努力，可能翡冷翠、威尼斯的环境、十字军东征之后的世界变大，和弗朗索瓦一世等爱好文艺君主的眷顾，也许倒是成就他们一代才华的关键。所以，在这篇随笔中我谈佛教史研究，就说"那个时代佛教研究中能出这么一些著作与学者，文献的大发现、新旧学的交融和学院式研究的独立恐怕就是极重要的三个因缘"。同样，如果现在让我回顾学术史，我仍然要再度强调，没有这些因素，学术无法辉煌，如果这个时代依然像王安石设想的要用权力"一道德，同风俗"，如果这个时代仍然像雍乾之时"避席畏闻文字狱，著书都为稻粱谋"，那么，哪怕天才成群地来，也一定会成群地死。章太炎曾说清代"理学之言，竭而无余华"，为什么？因为"多忌，故歌诗文史楛，愚民，故经世先王之志衰"。毕竟时势造英雄，就像欧洲文艺复兴一样，只有重新发现并借助古代希腊罗马经典超越中世纪神学，让各种新时代与新观念进入学术，推动宗教改革与各种独立大学的兴起，才能够让欧洲进入"近代"。

那么"人"呢？难道在学术史上，只能人坐等"时势"吗？当然也不全是。只是这种需要积累涵泳才能做出成就的人文学术，既需要"荒江野老"的沉潜，也需要"代代相传"的滋养。毫无疑问，时代已经变化，知识人已经从帝制时期的文人士大夫，变成了现代社会的知识分子，学问也从传统的经典文史知识，转型为现代学院的文史哲研究，但那种读书思考的传统，应当始终像基因一样传续，总不能每代都白手起家，重起炉灶。坦率地说，中国学界现在缺的是从容，不缺的是生猛，太少了"新诗改罢自长吟"的沉潜，太多了"倚马立就"的急就章。其实，学术往往是马拉松或接力赛，不是百米短跑。所以，我选了另外一篇《世家考》作为"附录二"，其实，我的意思也只是说，只有政治与制度创造了一个"放得下平静的书桌"的环境，这个环境，一方面让社会稍稍减少一些庸俗实用、唯利是图的风气，让人们延续那种重视教育、重视人文的传统；一方面允许学者拥有"一种拥有自己的真理，不与流俗和光同尘，不事王侯高尚其事的精神"，并且把这种精神看得无比重要，也许，这个学界才能变好，现代的学术超越晚清民国时代才有可能。

2011年夏天。一次访谈中，面对记者提问，我突然想到梁漱溟的一句话"这个世界会好吗"？这句话曾被访问他的美国学者艾恺用作书的标题，至今这个标题仍像"警世钟"一样震撼人心。因此，我也随口说了一句，"这个学界会好吗？"这句话被记者用在了访谈的结尾，成了我自己反思学术史之后的痛苦追问。说真的，好多年了，这个问题仍然在我心里反复出现，只要你关注学术史，就不得不关注这个问题，重新追问这个问题。

但悲哀的是，到现在我也不知道答案是什么。

（本文原为拙著《余音》的序言，写于二〇一三年）

什么文化？如何中国？

"中国文化的复兴"，这是论坛给我的主题。我相信，提出这个主题的人，怀抱一个良好愿望，就是在这个时代，期待中国不仅在世界上有经济方面的"崛起"，还希望在全球，中国文化能够"复兴"。

不过，这里有很多问题。什么是中国文化？中国文化如何才算复兴？复兴文化是为了中国认同吗？这几年来，我一直在反复强调，"中国文化传统是复数的而不是单数的"，"什么是中国文化还需要重新讨论"，"认同的基础不仅仅只是文化"，其实，只是为了表示我对某种现象的疑虑，我在很多场合反复说明这样几点：第一，中国文化是复数性的，也就是从历史上看，叫作"中国文化"的文化传统，是不断由叠加、融合、凝固，再叠加、再融合、再凝固的历史形成的，本身具有复杂性、包容性与开放性；第二，在现在的中国，文化确实有危机，但期待中国文化复兴，必须了解它的困境在哪里；第三，中国文化与现代文明，民族立场和普世价值，传统性与现代性之间，一定会有冲突（但不是绝对不能协调的），但是在目前的中国，对这一现象保持开放姿态和理性态度是最重要的。

几年过去了，我仍然持这样的想法。

一

请仍然让我先从"什么是中国文化"这个问题讲起。

这些年来，我曾在很多场合批评某些论述中国文化的方法，因为讨论中国文化的著作或者论文，常常是用一种概论（或者说宏观）方式，抽象地也是笼统地介绍所谓"中国文化"。可是我觉得,要讲清什么是中国文化,"中国"两字是相当重要的,因为"文化"是每个民族都有的,你只有讲清楚,这个文化是中国有(或比较明显),而其他国家没有(或者较不明显),或者说华人世界有(或比较明显),其他民族没有的(或者较不明显),这才是比较"典型"的中国文化,你不能把那些"非典型"的东西统统叙述一遍,就算是中国文化了。

那么,什么才是典型的"中国"的文化?这里先以汉族中国的文化为主来讨论(必须承认,自古以来汉族文化是中国文化的主脉和核心)。我曾经在一次演讲时说到,特别能呈现汉族中国文化的,简单地说可以归纳为五个方面:第一个是汉字的阅读书写和用汉字思维,这在汉族中国人的思考方法和意义表达上,确实影响深远而巨大,不仅影响了中国文化,而且还影响到周边即所谓"汉字文化圈"。第二个是古代中国的家庭、家族、家国结构,以及这种以传统乡村秩序、家族伦理、家国秩序基础上发展出来的儒家学说,也包括儒家的一整套有关国家、社会和个人的政治设计。第三个是所谓"三教合一"的信仰世界。各种宗教彼此相处,互为补充,任何宗教都没有超越性的绝对和唯一,因而也没有超越世俗皇权的权威,彼此在政治权力的支配下可以兼容。虽然宗教没有那种信仰的绝对权力,但也很少宗教之间的战争,这大概是世界其他很多区域或国家都罕见的。第四个是理解和诠释宇宙的"天人合一"思想、阴阳五行学说,以及从这套学说基础上发展出来的知识、观念和技术。最后一个是在"天圆地方"的宇宙论影响下,形成的古代中国非常特殊的天下观,以及在这种天下观基础上,发展出来一种看待世界的图像,在这样的天下想象下,古代中国还形成了以朝贡体制为基础的国际秩序。

如果你拿这五个方面跟基督教文明比,跟伊斯兰世界比,甚至跟东亚、南亚也相信佛教,也用儒家律令的区域比,你会发现这才是"(汉族)中国"的"文化"。所以,我一直希望,不要用"放之四海皆准"的宏大概念和空洞语词(比如中国文化强调"中庸"、讲究"伦理"、重视"家庭"等），来抽象和泛泛地定义中国文化。而更应当指出的是，这些文化的来源是复杂的，绝不仅仅是"儒家"与"理学"、"五经"与"经学"可以笼罩的，也不仅仅是现在所谓的"国学"可以涵盖的。

二

但是，问题仍然没有解决，因为"中国"仍然是一个需要定义的概念，以上所说的各种文化现象，虽然贯穿中国历史数千年，一直处于主流位置，但只是汉族文化，如果我们承认，"中国"并不只是汉族中国，那么，上述"中国"的文化传统，仍然无法简单地认为它就是"中国文化"。

如何重新解说和界定"中国"这个概念，是一个很麻烦的问题。在很大程度上是因为，历来我们将三个概念习惯性地混淆了：一个是以汉族为中心、语言、风俗和种族基本同一的"中国"。这是我们大多数汉族人一提起"中国"，在观念上会马上蹦出来的。还有一个是历代王朝有效控制的疆域内的传统国家，那是"王朝"，就像二十四史里面所记录的。再一个，则是更广大的，以现代中国合法领土为空间的一个"（多）民族国家"。很多人经常讲到的"中国文化"，实际上不由自主地说的是汉族中国的文化。包括现在讲所谓"国学"，实际上还是以汉族、以儒家为中心的学问。长期以来，我们没能有意识地将三个概念区分开，更没有把"中国""国家"和"政府"分开，所以造成了第一种麻烦。

接下来的麻烦在于，我们现在的中国疆域和民族，基本是十七世纪中叶以后由大清帝国奠定的。而大清帝国进入关内建立大清王朝以后，原本明朝的中国即所谓本部十五省或十八省就变成了满蒙回藏苗加上汉等，形成了疆域很大的多"民族"大"帝国"。当中华民国接受五族共和和现成疆域，就继承了大清帝国的遗产，当然也接收了所有的麻烦。接下来，当中华人民共和国继承了中华民国的空间遗产，我们对中国的认识，就迅速面临几重困境。第一，如果我们讲的中国文化和民族认同，只是宋明以来汉族为主的文化中国认同，它的基础还很清楚的话，那么，经过元朝、清朝、民国以来，所谓的"炎黄子孙"的历史，以及儒学中心的文化和信仰，汉族为中心的多民族的国家，都不足以成为"认同"的共同基础，必须考虑更大的范围。你不仅得考虑中国文化的"复数性"，是否兼容历史上融入中国的异族与异文化，而且要考虑所谓中国的文化，是否要兼容满蒙回藏苗的文化？可是，现在中国兴起的国学热、传统热，面对本来是复数的文化，却做了单数的选择。第二，认同不仅仅是历史、族群和文化传统的问题，加入意识形态的因素之后，政治制度也是获得认同的重要因素，是选择共和，还是帝制？是选择自由民主制度，还是专制集权制度等。我一直认为，认同的根本，除了历史与传统之外，更在于这个国家给人们什么样的安全感和幸福感，国家（或者政府）用什么样的制度保证人们的生活习惯和自由空间。在不能保证各个民族在文化上自然同一的情况下，必须首先保证各个民族在生活上的安全和幸福，这是一个合法政府寻求普遍国民认同的基础。第三，过去人们讲中国文化认同是弥散状态的，它基本上是一个文化意义上的东西，并不完全契合于"领土"和"边界"，但现代民族国家是有边界的，有合法性政府控制的。所以，很多人容易把祖国情感、国家认同和政府承认这三个完全不同的概念混起来。祖国是一个文化概念，而政府所谓的爱国主义，往往会"认同"与政府承认和国家忠诚混为一谈。

  identity这个词说起来很简单，可是到了中国，就变得特别复杂。因此，当我们讨论中国的时候，最好在观念上区分开历史的中国、政治的中国和文化的中国。否则我们很难处理包括"认同""疆域""民族""宗教"这些棘手的问题，当然，也讲不清楚什么是中国的文化，什么中国文化应当复兴，作为认同基础的"文化"究竟是什么？

三

前面我说,"中国文化"在现在正面临危机。其实,这个危机不仅仅是现在,也不仅仅来自五四反传统的冲击,还不仅仅来自晚清民初的"二千年未有之大变局",危机的根源还来自大航海时代之后的"全球化"冲击。明清以来世界的改变,逐渐改变了几千年来的中国文化传统,正如西方谚语所说,"过去即一个外国"(the past is a foreign country),原来的传统文化,其实离我们很远了。

下面,仍就前面我说的五个方面来说:(一)虽然中国仍然使用汉字,但现代汉语中的文字、词汇和语法有很大的变化,今天的汉语不仅由于元朝、清朝时代口语有很大影响,更重要的是五四新文化运动提倡白话文,使得传统口头语言成为书面语言,通过现代汉语理解和表达出来的世界,已经与传统大不一样了。(二)虽然在现代中国尤其是乡村仍然保持着一些传统秩序,但是家庭、社会和国家的结构关系变化了。它已经瓦解了传统文化特别是儒学的社会基础。费孝通在《乡土中国》和许烺光在《祖荫下》所讲的以乡村社会为基础的传统中国秩序,被现代的城市、交通与媒介改变了,建立在传统社会上的儒家伦理与国家学说,也逐渐失去了基础。(三)自从晚清以来,儒家、佛教与道教,即原来的各种支持信仰与文化的宗教,渐渐退出真正的价值领域和信仰世界。(四)天人感应与阴阳五行为基础的观念、知识、技术,在近代西方科学的冲击下,逐渐无法对于政治世界和自然世界做出一般性解释,只是在一些现代科学尚不能到达的领域,如医疗(中医)、地理(风水)、饮食等领域仍然保留着。(五)从"威斯特法利亚和约"(The Peace Treaty of Westphalia)以来,近代欧洲奠定的国际秩序与条约关系,随着西洋进入东方,不仅摧毁了原来中国的天下观念和朝贡体制,也重新界定了中国与世界各国的关系。在这个全球化时代,古代传统中国文化中的"天圆地方"宇宙观下的世界认识和朝贡体制下的国际秩序,已经不再有效了。

四

我理解现在中国需要一个文化复兴的焦虑心情,当年就连特别强调普世化或西化的胡适,都写文章呼唤过"中国的文艺复兴"。特别是,当开放的中国越来越深地嵌入世界体系,面临"美国主导"的全球化和"西方为主"的现代性的冲击时,很多人觉得紧张和焦虑,是不是完全接受全球规则和普世价值,中国、中国文化、中国认同就会没有价值甚至消亡?所以,有人会呼吁要摆脱西方的政治控制、经济依赖和文化影响,并且特别强调,需要中国文化、国学甚至是儒学的复兴,他们说,只有这样才能建立中国认同。

正如我前面说到的,认同问题很棘手,它有可能刺激出民族主义。当然,民族主义有恶性的,但也有良性的。我们不太像西方的理论界,对民族主义特别警惕和反感,认为民族主义是一个破坏性的力量。现代的中国人从梁启超1901年写的《国家思想变迁异同论》开始,对民族主义就没有那么极端的看法,那时候中国处于弱势,追求富强就是为了建设一个现代的富强的中国。加上二十世纪前半期,中国总是处于被欺负被侵略的状态,内惩国贼需要,外抗强敌也需要,所以对民族主义没有那么仇视。一般来说,当民族主义是理性的、文化意义上的力量的时候,它会增加凝聚力和动员力量,但是我也要说,一旦当它被政治、被情绪所掌控的时候,那民族主义确实就像西方人讲的那样,如洪水猛兽一样,所以,民族主义在中国是双刃剑,它不那么单纯。我总觉得,现在之所以出现传统热、国学热,要么是"以西方反西方",用舶来的西方时尚理论推行"伪民族主义",要么是借助政治中的"中国崛起"论,在文化上"按节拍跳舞",在所谓的"文化自觉"的口号下,努力把西方当作"他者",塑造或想象一个对立面,以增强所谓"凝聚力"。现在,有很多很时新的理论,比如"东方主义"或"后殖民主义""全球化危机""现代性的问题"等,当某些学者用这些东西构造出一个对抗性力量的时候,就把自己对传统文化的感情,变成了呼唤民族主义的悲情，而这种民族主义的悲情很容易支持政治上的国家主义，一旦民族主义被政治力量介入，是非常可怕的，它有可能变成对全球文明、普世价值、交往规则的对抗性力量。

所以我还是觉得，在现代人的思想世界中，理性的"分化"很重要，政治的、历史的、文化的、民间的和官方的，都要有一个理性的界限。我们承认，（普遍的）文明和（特殊的）文化是会互相冲突的。但在理性中对文明和文化进行一定区分之后，你可能不会对全球化、对现代性——有那么简单和强烈的排斥感，好像它们是洪水猛兽，好像我们的文化就要被全球化、现代性瓦解了。简单说，全球化是大家用一个节奏，用一个方法，用一个规则互相交往。这种交往如果没有一个规则，那就像在篮球场上踢足球一样，就会乱套。总归要有一个大致上彼此认可的规则，一个大家都遵守的基本伦理，这个规则和伦理，就是全球化带来的所谓"文明"。现在的问题是，我们如何小心翼翼地在文明冲击的情况下，使不同的文化在合理的、普遍的文明规则下还能保留下来。这是一个很麻烦的事情，不是简单说说就完了的。

五

坦率地说，我没有什么锦囊妙计来谈中国文化的复兴。我的看法是，要期待中国文化复兴，首先，要期待中国自身在政治、制度和经济上的变革；其次，要对传统文化有真正的认识，并且在现代语境中，对传统资源进行创造性的再诠释；再次，要理性区分文明与文化，不必把现代文明和传统文化看成是非此即彼的对立选项；最后，真正复兴中国文化需要提升全民知识素质，认识到独特的中国文化不再是口号和标签，而是历史和教养。

总而言之，我们不必对全球化和现代性有这么大的恐惧感，觉得我们要赶快跟着已经进入后现代的西方学界一道起舞，对这个东西进行批判，好像这样才追赶上了潮流，其实那只是理论上的追赶时尚。我们还没有发达到人人住乡间别墅的时代,就开始痛斥城市了,我们还没有完全实现民主制度,就要提倡对民主弊病的警惕了,我们还没有在法律制度上完善到家,就要像西方前卫的理论界那样对法律的历史合理性进行质疑了,这太超前了吧。我们有很多现代的事情还没做好,不必随着人家后现代的节拍去跳舞。当然,我们也要警惕普遍性的文明对特殊性的文化的伤害,对各种特别的文化有所保护,但绝对不是跳过这个现代化阶段,一味批判现代化的弊病。

六

中国文化的复兴,显然是一个很好的愿望。现在中国出现的传统文化热或者国学潮流,其背景是可以理解的。我认为,其中最重要的有三个背景,一是"回到起点",即超越近代以来笼罩着我们观念、制度和信仰的西方文化,回到传统文化资源中,寻找能够重建现代中国价值的基础;二是"寻求认同",就是在信仰缺席的时代,重新建立"中国"国民对于历史、文化与价值,特别是国家的凝聚力;三是"学术新路",即在百年来影响中国的西方学术制度中挣脱出来,无论是在知识分类,还是在表达术语,还是在研究制度上,找到一个新的路向。看上去,这些背景与心情似乎没有问题,但问题是,传统不是固定的,中国也不是单数的,我要指出的是——

首先,文化在历史中形成,而历史一直在对文化做"加法"与"减法"。所谓"加法",就是对于不断进入的外来文化,借助传统资源进行创造性的解释(正如中古时期中国知识人对印度佛教知识的"格义",使外来观念变成中国思想),所谓"减法",就是对于本土固有文化中的一些内容,进行消耗性的遗忘或者改造(如古代中国对一些不吻合伦理秩序的风俗进行改造,或现代中国以科学对迷信的批判)。因此,并没有一个固定的、一成不变的文化传统,将来的文化也是这样。

其次,我要提醒的是,古代中国的历史说明中国文化是复数性的,古代中国文化中曾有多种族群与多种文化因素，虽然秦汉帝国逐渐形成汉文化主轴，但经过中古时代异族与异文化的叠加，已融入相当复杂和丰富的内容；到了宋代，由于国际环境与外在压力，经由国家与士绅的努力，汉族中国文化凝聚成形，开始凸显中国文化世界的"内"与"外"、"我"与"他"的界限。但是元朝统治时期，中国再次融入异族，文化又叠加并形成混融的新文化。经由明代初期的"去蒙古化"，汉族中国文化虽然再度凝固，可是大清帝国建立之后，疆域和族群再度扩大，文化再次叠加混融。既然古代是一个"众流汇聚"的文化共同体，而现在中国又已经是一个多民族国家，因此我们一定要承认中国文化的复数性。

再次，在晚清民初，中国文化经历了"二千年未有之大变局"，界定中国的文化传统处在断续之间。现在当然需要重新认识与发掘传统，但是我们要了解，既然传统是一直在不断变化的，今天如何用现代价值重新"组装"传统文化，是值得思考的大问题。正如前人所说，"传统是死人的活资源，传统主义是活人的死枷锁"，以"原教旨"的方式刻舟求剑，固守想象中的文化传统是固步自封的做法。

我深切地感受到，如今经济膨胀的中国那种非常强烈地要求"弘扬"中国传统、中国色彩、中国价值的焦虑，其实，这焦虑来自晚清民初之后越来越紧张的心情，"追求富强"的强烈愿望，"天朝大国"的历史记忆，确实是中国百年来不断把"时装捡起来穿上，脱下一件再换一件"的原因，毛泽东说，"一万年太久，只争朝夕"，这很形象，因为痛感"落后是要挨打的"，贫弱是要被"开除（地）球籍"的，所以，随着当下中国渐渐"膨胀"，便急切地要向世界证明，我泱泱大国不仅应该进入"世界民族之林"，而且是应该在"文化上"占据"中央"位置。因此我所担心的，正是中国的"传统热"和"国学热"，千万不能因为这种紧张的心情，让它们变成民族主义或者国家主义的学术形式和动员力量。

(二〇一四年)

[附录]

福州黄巷葛家

一

从籍贯上说,我是福州人,虽然我出生在上海。很长一段时间,中国作兴填籍贯,所以我填表也好,办护照也好,各种证件上都写的是"福建福州"。我父亲葛耀昌(一九二二至二〇〇四),从小在福州长大,虽然大半生在上海、北京、天津和贵州打转,但终究叶落归根,近退休的年龄从贵州回到福州。一直到去世,一辈子操着浓重福州风味的普通话,他算是真的福州人。

葛家在福州著名的"三坊七巷"之一的黄巷里,有一处老宅。在现在福州的各种坊巷志或者旅游书里,都把它叫作"葛家大院",也算是一处名胜,这里就是我的老家。我父亲一直很得意地对我们说,葛家大院原来的大门口,有一幅对联,写的是"丹井传家远,黄楼卜宅长",用了东晋道教中人葛洪的典故,说明这是葛家祖上传下来的。但说老实话,我也不知道这个老宅最早是不是葛家的,也许,在我的爷爷或者爷爷的爷爷时买来的。我父亲曾说,早年葛家大院的大门上方还悬挂了"中宪第",二门还挂有匾额上书"会魁"二字,可我一直没有查出葛家哪一代有这么好的科举功名,所以,我怀疑这个院子原本是别姓的,只是葛家后来买了下来。但不管怎么说,现在的各种书里,它都叫"葛家大院"。传说中,它还是唐代一个叫黄璞的文人的旧居,传说晚唐黄巢闹事,大军越过仙霞岭,打到福州的时候,因为尊敬黄璞是读书人,下令不得焚烧这里的民宅,它才得以保存下来。但这个故事有几分真实,几分想象,几分编造,谁也说不清。葛家大院毗邻另一个清代名人梁章钜的故居，两个宅子中间有一个"黄楼"，但长期以来，为了黄楼究竟应当归属谁家，葛家和隔壁争执了很多年。

老宅过去确实是阔气过的。据说，左右两边原来好几大片宅子都是葛家，院子里有七口井，一处池子，俗称"七星八斗"，花厅也有山石叠成的假山和雕梁画栋的亭阁，还有一处不小的水池。不过，一九七九年我第一次回到福州老家的时候，那个大院已经破败不堪，穿过原来很不错，可已经瘦身再瘦身的天井，七八家人已经把这个有些历史的老宅，分割得七零八落，原本有假山亭阁小池的花厅，也早已经堆满杂物，上面瓦间漏水也望见星星，下面则晴天满是晾晒衣物雨天满是接水锅盆。一直要到政府想发展旅游，重建三坊七巷作为旅游的景点，这才重修了大门，今年（2013）夏天我回去看的时候，原来很破败的大门，突然变得很古雅堂皇，连我自己也吓了一跳。

二

更有趣的是，在福州一些旅游书上，有一个很吸引人的传说，就是葛家出自古麻剌朗国。古麻剌朗国倒是真的，《明史》卷三百二十三《外国四》说，"古麻剌朗，东南海中小国也"，据说，大概位于现在菲律宾棉兰老岛，明代永乐十五年（1417），中国派了中官张谦去传达天朝诏令，海道遥远，张谦大概在那里待了三年。永乐十八年（1420），麻剌朗国国王幹剌义亦奔就"率妻子、陪臣随（张）谦来朝，贡方物"，永乐皇帝就给了他们如同苏禄国王一样的待遇，为他们颁赐了印诰、冠带、仪仗、鞍马等。可惜的是，这个国王回国路上生了病，永乐十九年（1421）便死在福建。于是，随同诸臣便留在福州为其守丧，因此寓居在福州，成了这一方人氏，传说中的葛家祖先就是陪臣中的一个。这原来是个故事，真的还是假的？不太清楚，记得当年福建电视台也来采访和拍摄过葛家，也许，是因为黄巷这里所谓三大姓"毛、萨、葛"都算是外来人口？萨家过去就是元朝时代的色目人，传说祖上是雁门萨都剌，元末迁到福建。毛、萨、葛都是以前地方志里应当归入"流寓"的那一类人。不过，现在为了发展旅游，杜撰噱头，说这里曾经有过中外交流史上的"遗迹"，所以以讹传讹，我们也只能"假作真时真亦假"，随它去了。

葛家究竟来自哪里？过去，连我父亲也说得不太清楚，但没有疑问的是，葛家原来应该住在福州城外的洪塘国屿一带，我父亲晚年给我写信，说他小时候曾经去国屿的葛家祠堂参加过祭祖。一九九〇年代那里大兴土木，要把过去的坟茔拆掉，曾通知葛家去迁祖坟，我二伯匆匆赶去，一块大碑已经毁坏，另一块小碑很幸运地保存下来，这是一块清代康熙年间的石碑，约高八十公分，宽五十公分，篆文题额为《皇清敕授儒林郎蔚庵葛先生墓志铭》。有了这块碑，我才把祖上的历史渐渐解开。

三

《皇清敕授儒林郎蔚庵葛先生墓志铭》碑文，是一个叫翁煌的人在康熙四十一年（1702）撰写的，篆额的则是另一个叫林文英的，而书丹的则是自称晚生的蒋晟。据这位翁先生写的碑文说，蔚庵先生也就是我这个祖上，叫做葛焕（1647—1702），字子章，蔚庵是他的别号。给他撰文书丹篆额的三位，我没有专门考察过，不过，看来都有些功名，但我的这位祖上蔚庵公，却好像没有什么太高的地位。根据碑文记载，虽然他的祖先也曾在明永乐年间中进士并督学山左，但后来的子孙却很难跨过科举那道"荆棘之门"，蔚庵公也只是"少攻儒业，卒入成均"，并没有中过进士，据《福州侯官县志·耆旧录》的记载，只是一个监生而已。他可以被写出来夸耀的事情，主要是在当地做了一个有力量的乡绅和有道德的典范。据说，他"素好行善，闻人有义举，必心羡之，曰彼何幸，乃得好事行之？常出锾，为人完聚骨肉，匪直匍匐救丧而已。遇后生寒酸，出赆礼，劝之卒业，往往因而成名"。按照翁煌碑文的说法，"闽中盐政，不至大坏，实先生力也"。但是，我怎么也想不通，一个乡间儒生的善行，与福建的盐政坏不坏有什么干系？不过，他可能是一个很能干的乡绅，经营了洪江江山也就是国屿那一个葛家的基业。据说，他为了家族，先购买了"烝尝田"以防万一，也建造了七世坟地，把两百年来的家族坟地整饬一新，他又害怕老人寂寞，特别在城里买了夏屋，"迎奉入城色养"，不知道这个夏屋是不是就是黄巷的这一片老宅，如果是，那么这个宅子姓葛，至少也有三百多年了。

碑文里面说到，蔚庵公的先人讳回公，"由永乐进士，督学山左"，既然中过进士，似乎不像是从古麻剌朗国刚刚来的外国人，看来我们追溯上去，还是中国的读书人。一直到蔚庵公葛焕，仍然是"雅喜读书，款延师傅，训诲子侄"，后来，我父亲那一代葛家人，也曾延请了一个本家叔叔做私塾老师，从小就读四书。看来，"丹井传家远"，不是因为信了葛洪炼丹，而"黄楼卜宅长"倒是因为奉了孔老夫子，能读书的缘故。

四

按照碑文的记载，蔚庵公葛焕，先娶陈氏，续弦王氏，共生有子六女三，陈氏孺人生了三个儿子。长子大梁，蔚庵公去世的时候是"郡廪生"，次子大埏，那时是"国学生"，三子经邦，那时是"郡庠生"，都算是读书人。王氏生了三个，叫大培、大疆、大超，大概蔚庵公去世的时候还小，碑文中没有记载他们的身份。二伯曾经问我，为什么他们的名字中间都用了个"大"字？为什么老三的名字偏偏又不用"大"字？我也讲不清楚。不过这以后，大梁一系的葛家，则按"元运开泰，保世滋昌，渊源孝友，欲振家声"这十六个字排辈分，我爷爷是"滋"字辈，我父亲是"昌"字辈，我本应是"渊"字辈，只是到了我这一代，天地翻覆，革除旧习，就再也不按照这个辈分起名字了，只有台湾大伯家的儿子还用这个"渊"字起名儿，而我弟弟葛小佳一九九〇年代给国内写文章时，之所以用"葛佳渊"这个笔名，就是因为这个原因。

"葛生蒙楚，蔹蔓于野"（《诗经·唐风·葛生》），说的并不是葛姓的"葛"而是植物的"葛"，不过，葛藤覆盖荆棘，杂草蔓延遍野，倒也可以用来形容葛姓一族在福州逐渐生根。据我父亲说，蔚庵公之后支脉繁盛，我们就是长房大梁的后人。"君子之泽，五世而斩"似乎是中国的规律，没有不散的宴席，也没有长盛的家族，除了官方护佑的至圣先师孔家之外。以前，潘光旦先生写《明清两代嘉兴的望族》一书，说嘉兴有长达十几代一直兴盛的家族，代代出人物，这也许是比较少的，潮起潮落，兴兴衰衰，在中国传统时代的乡里很常见。葛家也不例外，蔚庵公之后，虽然家族还算是绵绵瓜瓞，但在仕途上葛家并不太兴旺发达，所以地方志、乡绅录里面也不见记载。

直到我爷爷投笔从戎，当了军人，福州黄巷葛家才好像真的要"重振家声"了。

五

我的爷爷葛滋承（1890？－1952），大概生在十九世纪九十年代初，和蒋介石、毛泽东等是同辈人，都是在乱世浊流里长大的。在这个中国社会重新洗牌的时代，人的命运很诡异。生逢世道巨变的人，或者从绿茵而辗转泥途之中，沦落下僚，也可能鲤鱼翻身跃过龙门，一下子成为人上人，全看运气如何。晚清那个时候，福州马尾办过船厂，办过船政学堂，办过最早的大清海军，黄巷的"毛、萨、葛"三家中的萨家，就因为办海军而出了很杰出的人物，这就是既当过大清总理南北洋水师兼广东水师提督，又当过民国初年海军大臣的萨镇冰（1859－1952）。我的爷爷不知道和萨家有什么关系，反正是远亲不如近邻吧，也做了这个大潮里的一个弄潮儿。一九二二年，当时的海军总长李鼎新派了杨砥中，在马尾成立海军陆战队的统带部，曾经发展很快，在福清、长乐、连江、厦门都有驻军，到一九二八年编为两个旅，成为福建最重要的军事力量。据说，在我父亲很小的时候，大概二十年代末，爷爷就从营长一直当到了海军陆战队混成旅的副旅长。

这里又有一件有趣的事儿。民国那会儿，也许当官需要资历或学历。我爷爷有学历，号称是"保定军校第六期学员"，算起来，和著名的叶挺、顾祝同、邓演达、薛岳，都是同一级的同学。保定军校原来是清朝北洋速成武备学堂，在民国初年，名声仅次于黄埔军校，也是赫赫有名，一九一二年到一九二三年间共有九期学生毕业，里面出了很多战将。很多年以后，我弟弟在美国教书时，特意去华盛顿的美国国会图书馆查阅保定军校的资料，发现确实有"葛滋承"这个名字。可是，听我父亲晚年病榻上的叙说，才发现这是一个颇搞笑的故事。原来，我的爷爷压根儿就没去军校读过书，用他的名字去军校真的读了军事学的，是他最小的堂弟，也就是我的四叔公。换句话说，我爷爷用了四叔公的毕业文凭，而四叔公却用了我爷爷的考试成绩。中国这种冒名顶替之风，也许源远流长，不是现在才滋生出来的，难怪以前科举时代考试的时候，有作弊，有枪手，也有小抄。

更有趣的是，四叔公学成文武艺回来，却并没有货于帝王家。他毕业的时候是二十世纪二十年代初，他却压根儿不愿意进入军界做事，原因据说是他发痴一样地爱上了一个女子，就是我后来的四婶婆，为了这个据说很漂亮的女子，他天天待在家中。这也许可以理解，一方面四婶婆当年可能真的很漂亮，一九九〇年代我在福州还见过她，从她老年时的相貌，也可以想见她年轻时确实很秀气；另一方面，我猜想是保定军校文凭写的是"葛滋承"，我爷爷凭了这个文凭可以当官，四叔公没有这个文凭，在海军就得从下层干起，从小受宠的他也许不愿意吃苦。所以，他就在我爷爷手下当了一个副官，据说是在庇护下吃干饷，根本不去当差，整天宅在葛家大院里面。不过，或许是因为我爷爷当了官，出钱把黄巷葛家大院又重新整顿一番，弄了好多葛家堂兄堂弟来一起住，就由我奶奶主管家务。顺便说一下，我奶奶叫何红蓉，中医世家出身，在福州也算名门，她的同父异母妹妹嫁给我爷爷的部下，这个人叫什么忘记了，后来曾在邱清泉手下当装甲师师长，一九四九年以后出走香港，辗转台北，最后定居美国，好像这位姑奶奶很长寿，一直到二〇〇〇年前后，我弟弟还去加州她家看望过她。在我奶奶的主持下，这个时候的葛家大院，似乎又兴旺起来。

我父亲葛耀昌（1922-2004），就出生在这个大院里。

六

父亲是爷爷的第二个孩子，上面有一个哥哥，就是我的大伯，他比我父亲大不少，大学时代在上海学化学。据我父亲说，他上大学时常常出入舞厅，花钱如流水，差一点儿就娶了上海舞女，被我爷爷严厉制止，甚至威胁要断钱断粮才作罢。抗战后期，听说曾经到遵义火柴厂工作过，后来台湾光复，1946年就去了台糖就职。父亲下面有两个妹妹，就是我的五姑、七姑，也都随大哥去了台湾。我奶奶曾经短暂去过台湾，帮着照料大伯一家和两个姑姑，但一九四八年为了照顾我爷爷，又回到福州黄巷，此后天各一方，一直到死，也再没见过她的这几个子女。他们一直留在台湾，直至一九九〇年代，他们和我父母亲才在香港再次聚首，那时都已是白发苍苍的老人，据说，后来我的五姑和七姑到福州郊外去祭拜爷爷、奶奶，哭的像泪人一样。

说起来，爷爷的四个子女中，父亲排行是老二，但葛家却用大排行。祖父一辈兄弟的孩子统统混算，我的大伯是老大，老二即我的二伯，却是我祖父弟弟的孩子，所以，后来我的堂兄弟们总是把我父亲叫三叔或三伯。他出生后葛家家境大概是最富庶的，所以，父亲的童年记忆都是欢天喜地，什么过年大吃大喝，什么福州坐大水的时候在天井划船等。二〇〇三年夏天，他胃癌手术住院，我去医院陪护，他还和我兴致勃勃地说起他小时候的读书经历，他先是读私塾，由同宗一个当过云霄县知县的长辈坐馆，教他读四书，这位私塾先生也姓葛，就是祖爷爷之叔伯兄弟，据说很严厉，但父亲是爷爷、奶奶宠爱的孩子，我猜想他当时一定学得不好，常常被打手板心，所以后来改弦更张，去读新式的英华学校，据说，在洋学堂里面，他旧学古文算好的，但是新学即数学和英文却不好，不过，英华学校很有名，总算后来也考取了当时设在上海的暨南大学。

可是，父亲上暨南大学的时候，日本人已经打过来了，暨南大学撤到福建，先在三明，接着在武夷山继续课程。后来，我父亲回忆这一段时光，最喜欢讲那时暨南大学的三个故事。第一个是何炳松是校长，不过，尽管何炳松是中国有名的大史学家，可我父亲并不学历史，其实也没有什么好夸耀的；一个是他的同学里面，后来有一个当过副总理的吴学谦，但吴学谦后来当大官，同学从来也没有联系过，也没有沾过半点儿光；再有一个，就是他在福州家里带了不少洋钱出来，出来的时候，怕日本鬼子搜查，大洋都绑在腰上，所以，尽管当时山里的暨南大学伙食极差，但他可以时不时拿出大洋在茶馆里吃鸭子，这倒是真的，也符合我父亲那种老饕性格。我曾经开玩笑地问他，是不是那时根本没有好好上课，他也毫不忸怩地爽快承认，他原来上的是法文系，但考试总不及格，于是，二年级转上外贸系，改学英文，好容易才毕了业，于是一辈子就干了对外贸易这一行。

七

海军陆战队的差事并不好做，抗战时期，海军陆战队很快就丢了船，海军变成陆军，我爷爷随着部队，辗转到了江西、湖北和湖南。一九四五年，中国抗战总算胜利的时候，我爷爷正在湖南芷江警备司令部任职，曾经亲历了日军投降仪式。不过，那时他已经厌倦了军旅生涯，就在湖南倒腾了两车药材，辞去了军职回到福州。也因为这个缘故，国共战争的时候他没有参与，一九四九年后这段戎马历史侥幸没有被追究，直到一九五二年患病去世，还算平安一生。

可是，大学毕业后在上海海关做事的父亲，却被簸弄到巨变之中。海关原本是常言说的"金饭碗"，可一九四九年前后他却失业了，生活陷入困境。那时，他已经与我母亲结婚，金圆券大贬值，人心惶惶，据说，那时他为了尽快花掉手里的钱，曾经急急忙忙拿一麻袋纸钞，匆匆地抢购了一件英国呢子大衣。尽管有我外公和爷爷两家做后盾，生活不至于无法维持，但是，他却很苦闷烦恼。我父亲原本性格就很不安分，福建人的性格也很勇于冒险，于是，在著名的共产党人冀朝鼎的鼓动下，在我出生之前的一九四九年，就悄悄跑到已经解放的南京，进入共产党的军政大学学习。按照后来中国的政策规定，在一九四九年十月一日之前参加革命的人，可以享受"离休"即老干部的特殊政策，他也算赶上了这个尾巴，这是他后来很自鸣得意的地方，就好像当时灵机一动，买了一支好股票一样。

不过，尽管他一直很想跟随潮流，但潮流却总是在嘲弄他，一辈子都不得意。后来细细想，大概有三个原因，一来他的阶级成分不好，父亲算是国民党军官；二来他娶的是上海资本家女儿；三是四兄弟姐妹中有三个在台湾,也就是说他算"台属"。更要命的是,他结婚时的男方证婚人葛滋韬,也就是我父亲后来常常说到的"韬叔",居然是军统特务,这个军统特务偏偏又是我爷爷的堂兄弟。后来我才知道,葛滋韬别名徐勉,抗战中曾经在军统的闽南站当过副站长,一九四八年我父母结婚的前两年,他已经去了台湾,转行办起了经济通讯社,大概那时正好在上海,就代表我爷爷做了男方证婚人。一九九五年我去台湾访问,还见过他和他的两个弟弟,看上去完全是一个和善老头儿,并没有传说中军统特务那种凶残狡诈和深沉。可一九五〇年代我父亲在向党"交心"的时候,为了表示自己无所隐瞒,便把这个事儿说了出来,没想到这给他带来无穷的后患。尤其是,他还常常口无遮拦地讲一些自觉高明的话,这总让他的上司或上司的上司很不爽,所以,几乎每一次运动来了都不好过,申请入党好些次,党也始终不要他,可每次折腾,却都少不了折腾他,最终是每下愈况,一会儿从北京被下放到定县农村劳动,一会儿从北京被贬到天津当中学教员,最终又从北京被下放到贵州,在贵州东南的一个县城一蹲就是近二十年。

我从出生后,父母去了福州,后来又辗转到了北京,又到了天津,我却一直在上海外公、外婆家住,福州黄巷葛家,好像与我没有太多关系。但一九五七年要上小学了,外公、外婆下了狠心,让我回到父母身边。于是,沿着京浦线咣当咣当坐了一天一夜的火车,来到了当时在天津的父母身边。从此,福州黄巷葛家的历史,就开始和我的人生交集,我也从此一点一点地,融入了这个黄巷葛家大院的烟尘往事之中。

北大·一九八〇年代，与我们这代学人[1]

（九月二十二日北大"传承"发言）

一

四十一年前，一九七八年二月底一个夜晚，我从贵州一个县城坐了两天两夜的火车来到北京，在北京站被校车糊里糊涂地拉到北大，住进32楼304。两天两夜没睡，太困了，于是倒头就睡，直到第二天天亮起来，我才看了看未来要待六年半的北大。当时印象很深的，不是未名湖，不是博雅塔，也不是西门的华表，倒是南墙外多年堆积的黄沙，寒风里光秃秃的树枝，大膳厅也就是现在百年讲堂里的玉米面儿粥和咸菜丝，五四操场的煤渣地和天上刮的黄土。

这就是北大给我的第一印象，一九七八年的春天的印象，就像是一张黑白老照片。

两千四百多天之后，我离开北大。那是一九八四年的夏天，校园已经绿树成荫，临走的那一天起床，窗外明晃晃的，听见知了在长一声短一声地叫。直到这时候，我的北大记忆，才换成了博雅塔的塔影、未名湖的湖水和西门里面的华表，从黑白照片换成了彩色照片。

现在回想起来，两千多天像一个漫长的隧道，从隧道的这一头到隧道的那一头，整个人好像变了。其实刚进北大的时候，我对未来的想象真的很模糊。为什么？因为上大学前整整十二年没读过书，在"文革"中我造别人的反也被别人造反，接着下乡当知青在苗寨挖过煤、种过田也挨过饿，再接着在工厂里打砖坯和熬肥皂，在供销社四处收购药材、

---

[1] 这是2019年9月22日在北京大学人文社会科学研究院举办的"学缘·传承"活动上的发言。

茶叶、皮毛和烟草。那时候，能上大学就不错了，能上北大就更不错了，不敢有奢望。那个时代过来的人，一个二十八岁才上大学的人，哪里会想象，更不会憧憬。刚上大学的时候，对未来六年半的日子，就好像懵懵懂懂进入这条隧道，根本不知道隧道有多长，也不知道隧道那一头是什么样的风景。

直到离开北大的时候，我才确信我会成为一个学者。

二

今天我们是在说"传承"，可现在让我回忆那两千多天，说实在话，好像没法说清楚究竟是什么让我成为今天的我。如果允许我以事后诸葛亮的角色来总结，我觉得在北大的六年半，可能我们同时传承的是三个传统——

第一个传统是新传统，也就是二十世纪八十年代新兴的理想主义传统。

从一九七八年到一九八四年，正是中国大转型的时候。我在北大读的是古典文献专业，按照中文系文学专业同学的说法，古典文献就像是"出土文物"，安安静静的没一点儿声音。确实，我们就是钻故纸堆，老话说叫皓首穷经，所以，当时中文系的文学专业灵动飞扬，写诗的写诗，写小说的写小说，编杂志的编杂志，出尽风头；新闻专业放眼天下，记得那些将来会成为无冕之王的同学，每天谈的都是世界和中国的大事，指点江山，胸怀广大。在他们的比较下，古典文献确实显得无声无息。

但是，一个生活在北大的人，怎么可能心如古井？"风声雨声读书声，声声入耳；家事国事天下事，事事关心"。这大概是中国士大夫的旧传统，但也是现代知识人的新传统。我记得八十年代初期的北大，有一点儿像一九三五年"一·二九"时代的北大，"已经安放不下一张平静的书桌"。不过，那不是因为中国"已经到了最危险的时候"，而是人们心里都想着中国"总算有了振兴的契机"。那时候，改变中国的理想主义真像是冬天里的一把火。让我们不时从书桌旁站起来，抬头看看窗外一波又一波的风潮。

一九一九年，也就是正好一百年前，胡适给高一涵写了一首诗，里面有一句说"你想我如何能读书，如何能把我的心关在这几张纸上"，好像写的就是八十年代我们这些读古书人的心情。

三

第二个传统是老传统，也就是五四以后北大的启蒙思潮。

我们这一代人是读鲁迅长大的，"文革"之前和"文革"中我们只能读鲁迅，这是时代的限制，但也是时代的潮流。不过有意思的是，我刚刚到北大就开始了读胡适。记得一九七八年第一个暑假——我们这一届的第一个假期是暑假而不是寒假——我带了偶尔借到的《胡适文存》回家，那时候胡适的书还没有那么容易找，可这个夏天，这三本封面破旧的旧书，给我带来一个新世界。

为什么？在从传统向现代的转型时代里，同属启蒙的思潮里，在鲁迅那种激烈和锋利之外，原来还有胡适这种理性和温和。很温和但是很坚定，温和的是态度，坚定的是立场。这对我影响很大，它使我始终采取通过学术关怀社会的进路，也始终记住五四一代的基本价值。特别是，一九八〇年代之初，当我们进入北大的时候，中国经过"文革"十年，虽然说改革开放，但民主、科学和自由这些价值，才从五四重返大地，还没有在我们这个国家落户，我们必须温和而坚定地让它们安家。顺便可以说到的是，毕业之后我自己学术研究一个关键选择，就是从文化史角度研究禅宗，这也是受到胡适的影响。我前两年才写的有关中古禅宗史研究的文章，题目也还是《在胡适的延长线上》。是的，不仅是禅宗史研究，在很多很多方面，我们现在仍然在胡适的延长线上。

一百年前——又是刚好一百年前——傅斯年、罗家伦、康白情、顾颉刚等北大学生在胡适的支持下,办了一个《新潮》杂志,这个杂志的英文名字是"文艺复兴"(The Renaissance),它的宗旨是提倡"批评的精神""科学的主义""革新的文词",代表了那个时代知识人的新趋向,也建设了北大的一个新传统。

作为北大人,我觉得,现在还得继承这个传统。

四

如果说,第二个传统是北大的思想传统,那么第三个传统,则是北大的学术传统。

胡适曾说,新文化运动就是"研究问题,输入学理,整理国故,再造文明"。我读的古典文献专业就是"整理国故",记得给我们上过课的老师,除了一进学校不久就去世的魏建功、游国恩之外,年长叫作"先生"的,还有周祖谟和我的导师阴法鲁;叫作"老师"的,还有我的导师金开诚、裘锡圭、严绍璗等。我记得,我们也上过一门中国文化史常识课,有一个明星般的教授群,像邓广铭、刘乃和、史树青等先生。邓先生讲第一课,讲的就是历史学研究的四把钥匙,年代、地理、目录和制度。

在北大,我们接受过最严格的训练,也习惯了最苛刻的规范,和文学专业一样上中国文学史,和历史系一道上中国通史,和哲学系一样上中国哲学史。可我们还要上六门基础课,文字、音韵、训诂、目录、版本、校勘。有时候我们觉得这是魔鬼训练,可这种魔鬼训练给了我们一个通向不同领域的多种门径。我可能是"文化大革命"之后第一个在北大学报上发表学术论文的本科生?一九八一年我写了一篇《晋代史字浅论》,我的导师金开诚把它转给历史系的周一良先生,经过周先生的推荐在学报上发表,这在当时大概很罕见。可是我读古典文献专业,为什么却做的是史学史论文呢?

其实,北大自从老校长蔡元培提倡"循思想自由原则,采兼容并包主义"以来,始终鼓励学生自己的摸索。我上大学已经快二十八岁了,老师们对我很宽容,记得金开诚老师就让我不必按部就班学课程,自己去读书。我一面读前四史,一面读四库提要,研究生时代又在图书馆广泛阅读各种古人的文集。就这样,我在北大学了一肚子杂学,也自然不受文史哲的学科限制,我一开始做史学史,就完全不按牌理出牌,也许一直到现在,还有这种"野狐禅"的风格。

不过,这并不意味着在北大可以没有家法。其实北大有北大的家法,对于古典文献专业来说,这家法就是把"整理国故"和"再造文明"连起来,精细的功夫和有意义的问题结合,坚实的史料和宏大的视野结合,这才是真学问。胡适在北大办《国学季刊》,说传统学问很好,但问题是它范围太窄,忽略理解,缺乏比较,这是非常对的。好的学者不应当是"两脚书橱",代理过北大校长的傅斯年说过两句话,一句话是"上穷碧落下黄泉,动手动脚找东西",一句话是"一天只有二十一个小时,留下三个小时思考"。这两句话说的意思,其实就是孔子所谓"学而不思则罔,思而不学则殆"。

专业的、学院的、严格的古典文献知识,必须经由你对国家和社会的思考,为我们这个传统漫长的国家"再造文明",否则,你就只能是传统的经师甚至陋儒。所以就像王元化先生说的,需要有学术的思想,也需要有思想的学术。

五

上个月我在台北,应龙应台的邀请,也讲了一次"我和中国的一九八〇年代"。说实在话,我觉得我们的思想和学术,就是在一九八〇年代定型的,而所谓一九八〇年代对我来说,主要就是北大岁月。无论我后来研究禅宗史和道教史,研究中国思想史、研究东亚和中国,其实都是在北大学习的延长线上。

从一九八四年研究生毕业算起,我离开北大已经三十五年了。

三十五年里，北大发生了太多变化，很多新的建筑我都没见过，很多过去的老师也离我们而去，虽然未名湖、博雅塔，还有华表还在，可我觉得北大对我来说，已经有点儿陌生了。不过，我心底里一直记得的，是过去我读书时代的那个北大，在我的心里它烙下太深的痕迹。它带给我生命中最重要的启示是，作为一个北大毕业的人——重要的话再说一遍——你必须做有学术的思想，也必须做有思想的学术，也就是说你要把专业的和学院的研究，和你对社会的关怀连在一起。这就是北大前辈说的，"说一句话而不敢忘这句话的社会影响，走一步路而不敢忘这步路的社会影响。这才是对于'大我'的责任，能如此做，才是道德、才是宗教"。

作为北大毕业的人，我不敢忘记这个责任。

（二〇一九年）

书林穿行断简

断简之一：三年一箱书

三十五年前的秋天，我离开城市去当农民。记得那天下雨，天色沉甸甸的，阴云好像扯也扯不开，风卷着细雨斜斜地漫过来，空气中就有一种忧郁。我告别家人的时候，并不像徐志摩告别康桥那么轻松，"挥挥手不带走一片云彩"，我带的东西很沉很沉，左手提着足以过冬的行李卷，右手拎着一个很重的樟木箱。

箱里装的，是我后三年天天翻看的书，现在想想，还记得的书里面，有一套说不清楚什么版本的《石头记》，因为前面缺了好几页，不过后来三年里成了我的镇箱之宝，在那个年代里，"夜深挑灯看禁书"，没有革命说教的书反而"奇货可居"似地身价百倍。有半套刘大杰的《中国文学史》，说半套太夸张，其实三册里只有一册，还缺了好几页。还有两本封面已经看不清楚的《宋元学案》《明儒学案》，到了很久以后我才知道《宋元学案》只是半部，其实还缺了卷五十一以下的一册。此外，还有当时年轻人最爱读的三部英雄主义小说《斯巴达克思》《牛虻》《钢铁是怎样炼成的》。后来的三年里面，这些书成了我煤油灯下的伴侣。在阅读中，我可以时而很革命地想象着世界"四海翻腾云水怒，五洲震荡风雷激"，仿佛"不窥牖，知天下"；时而很哀婉地想到"年年岁岁花相似，岁岁年年人不同"，被一首《葬花辞》借去半天的心思；时而又被历史挟裹着情绪沉浮，快意地念诵着"却看妻子愁何在，漫卷诗书喜欲狂"，和杜甫一起经历大喜大悲。

在那个时候，这些很希罕的书也是可以互相借的，毕竟都是同命运的人，所以一千多天里面，这些书被周围二三十里的朋友借来借去，从这一寨子到那一寨子，渐渐越借越少，直到有一天，它们终于再也找不见了，也正是这个时候，我离开了那个一千天我日日相处的苗民和苗寨。走的那天，天还是下雨，天色仍然沉甸甸的，我左手拎的还是那个行李卷，右手拎的还是那个樟木箱，可是箱子却变得很轻，书已经没有了，那一行行字、一首首诗和一个个故事，化成读书精魂驻扎在心里。

断简之二：书林穿行

四分之一世纪以前，我从贵州考进了北京大学。也许是读大学时，已经快到而立之年的缘故吧，那时候的人，仿佛格外珍惜读书的机会，我可能是北京大学图书馆最勤快的读者。那时北大的学生好幸运，学生的借书证，居然可以借十函线装书，于是，绝不让它有半天的闲置，每次到图书馆去，都是用网兜扛出一大堆来，几天以后，匆匆地又扛一大堆去还，害得图书馆员支起老花眼镜，从镜框上用疑惑的眼光打量我，心想，到底这家伙是真的看，还是借来还去，扮演狗熊掰棒子的把戏做做样子？其实，怎么会是做样子，那个时候，看书好像疯了一样，在苗寨昏暗的煤油灯摇曳之下，也能看它个三五小时，何况是在大学宿舍明亮的日光灯下！

常常在北京大学图书馆的书库里穿行。那个时候，好多线装古书在很长时间里都没有人翻看过了，上面积满的灰尘常常会让人喷嚏连连，苦不堪言。不过，看书，看古书，看没有人看的古书仍然是一种愉悦，除了看书的愉快，也有过意外的发现，放在尘封已久的书库里的书中，有时会夹了一些名人当年偶尔遗忘在书中的便条和书简，这些便条或书简夹在书里几十年，也把往事尘封了半个世纪，被我偶然地撞见，常常让我有寻宝得宝的惊喜。一次，看到一位已经过世的老先生当年给胡适的信，信上卑躬屈膝地央求胡适，能否给刚刚毕业的他找个差事，顿时让我想起后来他严词批判胡适的事情，不由得产生世风日下，人心不古的感慨，但稍稍也有一些窥破人心后不够厚道的窃喜。

看书也有怅然若失的时候，我当时重点看宋人文集，自以为看得前无古人地多，但当年北大图书馆所藏很多宋人文集的借书签上，却都签有"钱锺书"三个字，也许是当年他做《宋诗选注》时的记录，这让我仿佛有"崔颢题诗在上头"的感觉，直到翻得一册没有钱先生题字的书，才嘘出一口气，好像发现一部钱先生没有看过的宋人文集，也仿佛是一个大发现似的，不过，这种发现似乎不太多，这时才体会到前辈学者读书范围的广大。

在这种阅读中过了二十五年，渐渐地没有了炫博争胜的念头，只是仍然一本一本地看。看书成为一种习惯，习惯如果很顽固，就仿佛上瘾，"瘾"这个字用了"病"字做偏旁，真是有它的道理，妻子打趣地说，现在我好像一天不看书，就好像烟鬼没有烟抽一样，觉得欠欠的，心里好像空了一块儿。书林中的穿行，似乎成了日常功课，纸上的旅游，往往比地上的旅游更开心。今年到台湾大学来，便一头扎进图书馆，因为这里有当年日据时期台北帝国大学购置的好多日本早期杂志，在密集书库中一本一本翻，扑面而来的是旧时纸张油墨放久了以后特有的微微霉味，在这种气味中我想起百年以前的往事，不免又随着历史重走一遭。

断简之三：旅游、围猎和侦探

说到阅读，陆续想起来三个比喻。

先想到的一个，是参加旅行社的旅游者，一大队人由导游带着在书林里浏览随喜，读不读得到好书要看导游是否尽心，不必太怀疑这种导游的意图，旅行社的导游大都有一个固定的套数，成了套数的路线选的是公认的景致，虽然未必真实，却总是大致不差地让你满足"到此一游"的愿望。跟着学术导游和导读走，这是普通读书人的路数，看看历来的"导读书目"，也看看年年要评的"十大好书""必读书单"，想起的是梁启超、胡适之这些人开出的"最低限度阅读书目"，虽然让鲁迅狠狠地挖苦一通，但是这些青年导师大体上并不是有意害人的人，不妨跟着走上一趟。

当然这是一个不错的方法，我前两年就当过这样的角色，有一次是应邀给暑假读书郎开书目，想了很久才知识与兴趣兼顾地开出十一种（不知道为什么是"十一"），想了很久，说明我还是真心实意地想贡献一些经验。不过，套用胡适之的一句话，读书被人牵了鼻子走，终究不是好汉，所以更上一层的，是读者自己在书海里寻觅，于是，这里就有了第二个比喻，就是猎场秋狩的打猎人。看英国人打猎是一件很有趣的事情，大概就像当年我们清朝八旗的木兰围猎罢，大规模地包围和驱赶，虽然不像殷墟卜辞和《逸周书》里记载的每次都能猎获若干虎鹿，但总是可以寻到一些狐兔。这比喻的是自己到图书馆去访书，或者到旧书摊里寻书，整日价地穿行在图书的密林里面，有时眼睛一亮，找到三两种喜欢的书或者有用的书，有了收获，便掌得胜鼓而去，一骑绝尘。

这是最愉快的阅读者，没有强迫性的耳提面命，没有功利性的计算考量，兴趣是唯一的指标，愉快是最后的收获。但是，对于我们这种职业读书人来说，那仿佛是奢侈的阅读，绝不是我们这种专业的阅读者。那么，我们是什么读者呢？这里就有了第三个比喻，就是我们这种阅读者仿佛是专门职业的侦探。左抽右绎，上下求索，当年傅斯年说"上穷碧落下黄泉，动手动脚找东西"，找什么？找破案的线索，于是阁楼上翻翻，弄得满身尘土，垃圾里找找，惹得一团臭气，找到了兴高采烈，找不到垂头丧气。记得有一年我在北京柏林寺的图书馆看清代所刻的旧书，外面雪花飘飘，屋里煤气熏人，偏偏翻的书里虫眼伴着霉味，让人直打喷嚏，八小时过去，天色擦黑，却没有找到半个线索，于是这一天心情郁闷。

断简之四：书事记幸

心情郁闷固然免不了，但是意外惊喜也不少。侦探式的阅读，常常已经进入专业研究，专业研究其实是苦事，因为它必须锱铢必较，寻头觅缝，把赏心乐事变成自我折磨，把养情怡性变成智力考校，人与书过不去似地想穿透纸背。唯一的愉快，就是在"踏破铁鞋无觅处"的时候，突然"得来全不费功夫"地找到线索，使案情豁然开朗。

说起来，像古典学者瓦拉（Lorenzo VaUa）以精密的语文学文献学推翻"君士坦丁封赐"（The Donation of Constantine）的历史、商博良（Jean Francois Champolion）从阿布辛勒神庙铭文破译埃及古文字从而打开古埃及大门的幸运，并不是常有的事情。不过，侦探式的阅读者也常常有意外的惊喜。我自己记得很清楚的有两次，一次是在法式善的文集中偶然发现内府《全唐文》的线索，从而步步推演，顺藤摸瓜，确定现在的清朝官修《全唐文》原来借用了海宁陈氏早年编的《唐文》为底本，并不全是清朝官方学者的辛劳，那是20年前的事情，刚刚出道就有所斩获，这让我至今感到很得意。一次是在日本大阪关西大学图书馆发现王国维先生《殷虚卜辞所见先公先王考》的手稿，从而知道近代学术史上这篇最著名的论文，现在通行的版本都没有后面的《余论》，所有的研究者都不知道这篇《余论》的存在，然而他送给内藤湖南的这份手稿后面，却附有这一段思考很深的文字，顿时让人明白，其实看似细碎的考据背后有一个很大的理论支撑，看似传统的方法背后有极现代的想法，这真是学术史上的一大因缘。记得刚刚看到那手稿的时候，高兴得仿佛掘到金矿。

混杂着艰辛和愉悦，时而心烦意乱，时而兴奋莫名，有时面对书山厌烦得几乎无法继续下去，但是有时又如瘾君子一样对书本恋恋不舍，可是阅读就是"命"，"命"可以有很多种含义，它是"命运"，也是"宿命"，人有时是很奇怪的，视作"生命"的东西，有时未必是最快乐的，相反有时它好像是折磨人的，"偏偏是你冤家，磨得人好苦，却是唤作相思"，一个以学术为职业的侦探式阅读者的精神，大体皆是如此。

（二〇〇四年）

我·思想史·以及中国[1]
——韩国闵丙禧教授与葛兆光教授的访谈

闵丙禧（Byounghee Min，以下简称"闵"）：葛兆光教授您好，很高兴通过访谈向您请教。我主要的研究方向是思想史（intellectual history），除了中国史以外，还从东亚史与全球史的视角来进行研究。在这些领域，您已经有很大的成就，拓宽了新的视野，很幸运能够借助这次访谈的机会，来聆听您的想法。这次访谈首先想请您谈谈您的学思历程。然后请您谈谈关于您近二十年关心的两大主轴——"思想史"与"中国"——为中心的学术问题。

1. 学思历程

闵：尽管葛兆光教授您以历史学家闻名，不过您却是在北京大学中文系攻读的古典文献专业。您所读的这一专业与欧美大学的"department of the classics"专业设置很类似，欧美也有专攻古典（classics）的学者以文献知识为基础，对哲学、文学、历史、政治学等许多方面进行跨学科的研究。那么，请简单谈谈您的古典文献专业的学术背景是如何影响您走上学术道路的？

葛兆光（以下简称"葛"）：我是一九七八年开始在北京大学攻读古典文献专业的，之所以读古典文献专业，是因为别无选择。一九七七年是

---

[1] 闵丙禧大学毕业于韩国国立首尔大学，2007 年在哈佛大学获得博士学位，现为首尔弘益大学历史教育科副教授，主要研究领域是中国与东亚思想史。

中国"文化大革命"以来第一次高考，据说有五百六十万人参加了这一次考试。我希望考上北京大学，但那一年北京大学在我所在的贵州，先是宣布只招收古典文献专业的学生，所以，我只能报考古典文献专业。不过幸运的是，古典文献专业虽然设在中文系，但它的训练却给我提供了贯通文史哲不同领域的基础。我在大学本科和研究生期间，主要精力集中在以文献为基础的历史与文学两个领域：第一个是中国史学史，我的本科论文讨论的是朱熹的《通鉴纲目》，硕士研究生论文主题是关于明清之间的史学思潮；第二个是文献学，我和我的指导教授合作撰写了五十万字的《古诗文要籍续录》，考订各种古典作家的文集的版本源流、注释优劣和篇目分合，这本书至今还是中国古典文学研究领域最好的文献工具书之一。

正如您所说，古典文献专业很像西方的"古典学"专业，可以进行跨文学、历史和哲学领域的综合研究，这一点也许对我有很大的帮助，让我不必拘守在某个狭窄的专业领域中。

闵：我从阅读您一九八六年出版的《禅宗与中国文化》开始，经过里程碑式的《中国思想史》《宅兹中国：重建有关"中国"的历史论述》以及二〇一七年出版的《历史中国的内与外》，从一个主题到下一个主题的转化过程，让您的学术历程显得很有逻辑。我的问题是：您最早的研究为什么选择禅宗作为主题？然后请介绍一下您从中国思想史研究转到以"中国"为主题的研究这一学术历程？

葛：我是在一九八〇年代中期开始禅宗研究的，那时我刚刚研究生毕业。因此，了解我那时的禅宗研究，可能要先了解当时中国的历史背景。也许韩国学者听说过，一九八〇年代是中国"文化热"的时代。什么是"文化热"呢？简单地说，"文化热"，就是中国在一九八〇年代的追寻现代化运动。一方面，中国刚刚走出"文化大革命"，当时人们在理智上大都向往现代化，刚刚改革开放的中国，思想世界基本上仍在五四甚至晚清以来"寻求富强"的脉络之中。在这种被史华兹（Benjamin Schwartz）称为"寻求富强"（In Search of Wealth and Power）也就是追求现代化的背景下，科学、民主、自由等普世价值，是知识分子追求的理想和目标。因此，当时的主旋律是鲁迅的"批判国民性"，对于传统文化的批判声音还很强。特别是，由于不好直接批判政治，就批判传统，所以，当时很多研究历史和文化的人，就会发掘传统文化里面那些导致中国封闭、落后、蒙昧的因素，这个时候，儒家、佛教、道教就统统被重新放在聚光灯下和手术台上。可是另一方面，学者毕竟对于自己的传统和历史有一些依恋的感情，而且传统的天朝大国心态，也让中国学者不那么容易全盘接受西方文化，总觉得中国传统还是有现代资源的。所以，对于符合士大夫口味的禅宗，包括在历史上非主流的那些自由的思想、反叛的行为、怪异的公案，都很有兴趣，在批判的同时也不免有点儿留情，对它的好感，会从前门被赶出去，却又从后门溜进来。像我自己一九八五年开始写《禅宗与中国文化》那本书，在谈到它造成中国文人士大夫心理内向和封闭的时候，可能批判的意味很重，但谈到它刺激了中国人在文学和艺术上追求"幽深清远"的审美情趣时，又往往不自觉地称赞。

应该说，一九八〇年代的政治、文化和思想背景，刺激了当时中国的"禅宗热"。不过这个"禅宗热"，本质上并不是历史学或文献学意义上的学术研究，而是现实的社会关怀与文化反思下的政治批判。在这个时代，禅宗只是对于中国文化批判和反思的一个案例，并没有从历史和思想上真正深入研究。我的《禅宗与中国文化》也许是现代中国大陆学界第一部专门讨论禅宗的著作，但也受到这种时代情绪和政治背景的影响，写得并不好。所以，一九九〇年代我重新写《中国禅思想史——从六世纪到九世纪》，就开始对这种情绪化的研究方法进行反省，开始沿着胡适的方法，走历史学与文献学的路，重新对禅宗历史做批判的研究。

至于从"思想史"研究转向"中国"研究，这也是非常自然的事情。我在《宅兹中国》一书的序文里面说过,我写两卷本《中国思想史》,最后一节是《一八九五年的中国》,我觉得,一九八五年在思想史上是中国的传统时代的结束,到了一八九五年之后,中国不得不从"天下"走出来,进入"万国",也就是进入新的国际秩序和世界格局,所以,也不得不重新对"中国"自我界定,究竟什么是"亚洲"?什么是"世界"?什么是"中国"?你不能还停留在"天下"的想象里面,觉得自己还是天朝,还是天下,还是朝贡体系的宗主国。所以,一八九五年以后,原本不是问题的"中国"就成了"问题",可是一直到现在,还有很多中国学者,研究"中国文学""中国历史""中国哲学",但是好像从来就不把"中国"当作一个天经地义的概念,从来不觉得"中国"是要在历史中重新界定的。所以,这就是我要把"中国"作为研究对象的原因。

坦率地说,之所以转向研究"中国"这个问题,与我研究中国思想史有直接的关系。原本我还有《中国思想史》第三卷《二十世纪中国的知识、思想与信仰(1895–1989)》的撰写计划,但是后来因为精力不足,而且问题太复杂、资料太丰富,加上政治忌讳比较多,虽然做了一些准备,但最终还是放弃了这个计划。

可是,当初准备这一部分的时候,我就要考虑三个问题:第一个问题是,二十世纪的中国不可能像传统帝国那样,在亚洲和世界之外自我孤立,成为一个自给自足的历史世界,那么,怎样在亚洲背景和世界背景中,讨论近代中国的历史变迁?第二个问题是,二十世纪的中国如何从传统帝国转向现代国家,它真的成为现代的"民族国家"或者"国民国家"了吗?为什么?第三个问题是,中国这个国家在现代世界上,是不是一种国家的特殊形态,或者说它因为什么样的历史原因,使它成为一种特殊的国家形态?这也是我研究"中国"的背景之一,也就是说它仍然是对中国思想史研究的延续。

闵:您是中华人民共和国成立之后一九五〇年生的,很冒昧地向您提一个比较私人的问题,那就是我们想知道,您所经历的时代和社会对您的学术方面产生了怎样的影响?

葛:对我个人的人生来说,有三件事情非常重要。一是一九六〇年底我全家从大城市北京下放到贵州一个偏僻的县城;二是一九六六年开始的"文化大革命"和一九六八年被迫到苗族地区插队落户;三是一九七八年重新回到北京上大学。回想起来,这三件事情也许对我影响最大。我生在上海,在北京上小学,都是在中国最大的城市,但一九六〇年底父母亲突然被迫下放,到了中国很偏僻很贫穷的苗族地区,从中心和都市,变成边缘和底层,这种生活,渐渐让我体会到中国的真正情况,这也许是我思考和认识中国,有时会有与别人不一样的维度的来源吧;一九六六年"文化大革命"和一九六八年下乡更是一种切身的经验,它一方面使我不再相信政治领袖或意识形态的神圣,看到了政治的残酷,也看到人性的幽暗,另一方面也让我"接地气",不再仅仅从书本中重构和想象历史,而且可以根据自己的观察和经验去理解历史。尤其是,我生活和劳动的地方是苗族地区,它更让我懂得"中国"的复杂性,不至于习惯性地以汉族为中心去研究历史。至于一九七八年回到北京读大学,更是我人生的一个转折,那时的中国,先是对"文化大革命"进行反思和批判,接着又是前面我们说的"文化热",我在北京大学读书时,亲历时代的转变,让我基本确立自己研究历史的立场和价值。很明显,每个人都会受到时代的影响,每个学者的研究也都与语境相关,我也不例外,我觉得很幸运的是我经历了一个"大时代",在我进行学术研究的时候正好是中国政治发生转折,社会剧烈变化,问题变得复杂的时代,也许,生活在这个"大时代"不一定舒服,要经受种种动荡,但在这个大时代进行历史研究却非常幸运,在这个动荡、曲折的大时代里,比起平庸、幸福、安定的时代,你的问题意识、观察角度和思考活力,肯定是不一样的。

闵：再次冒昧地向您提另一个私人问题，大部分研究者也都比较关心这个话题。我们都知道，看起来学者的生活显得既稳定又平淡，实际上，一辈子维持对学问的热情（走上学术道路）并不是那么容易。直到现在，您仍然活跃于学术研究领域，是什么样的生活习惯与心态支持您做到这样，您比较重视哪些方面的努力？

葛：要维持一辈子持续不断的学术热情，对个人来说，代价就是生活也许会很枯燥很辛苦，确实不容易。不过我想反过来说，它也许会很有趣很刺激。不是吗？我个人觉得，有三点很重要，第一，你要把阅读和研究当作你最高的理想和最大的乐趣，就一定能够乐在其中（这一点，可能经历过中国"文革"时代那种人生没有选择、没有条件读书的学者，比较容易理解）。第二，你要把学术研究和你的社会关怀连在一起，让自己的学术研究和政治、时代、价值相关，而不仅仅是一种从事的"职业"或谋生的"手段"，这样就会有刺激和动力（这一点，生活在政治化社会中不得不抵抗各种压力的学者，比较容易理解）。第三，你要把学术研究放在国际学界的对话之中，这样彼此激荡，互相刺激，不断有新问题新想法，这样的学术研究就免于平庸和重复，也很容易获得新鲜感和成就感，这样也就不会觉得重复和单调了。

闵：新中国成立以后经历了"文化大革命"等大变局后，中国的大学在学术研究领域站稳了脚跟。您怎么看待现在中国学界，以及大学前进和发展的方向？我们都知道，包括韩国在内，全球人文学科遭遇到了困境，在同样巨变的中国社会中，人文学科面临着什么样的情况，您对此有什么看法？

葛：关于这个问题，刚好我有一篇旧文章《人文学科拿什么来自我拯救》在最近中国的网络上流传很广，不妨引用我在二〇一二年写的这篇文章。我觉得，在中国，人文学科面临危机，"一方面要归咎于现代商业化社会带来的实用风气,一方面要追究特别的政治意识形态对自由人文研究和探索精神的限制",这是全世界的现象,但是在中国又加上了政治因素,我觉得,人文学者"既不能总靠'精神''心灵''情操'之类空洞的口号,来说服人们关注人文学科,也不能总借着'通识教育''全人培养'这样看起来堂皇的标签来保护人文学科"。在我看来,人文学科一方面要守住"专业底线",不至于沦落成"业余爱好",另一方面要能够介入社会生活,深入大众领域,提出有意义的、能够和当前政治、社会与生活密切关系的话题,让专业知识引导民众通过历史认识现实。所以,我一直说,人文学科的学者,虽然不是给国家动手术、开药方的医生,但是他应当是诊断病源、提醒病人的医生。如果人文学者只是吟风弄月、插科打诨、无关痛痒,那么这个社会为什么还要人文学科?

2. 思想史

闵:您的这部《中国思想史》在所涉及的长时段、多主题以及丰富资料范围等方面都算得上里程碑的著作,尤其是用了过去的思想史研究中没有使用过的丰富资料与新的解释框架,令人佩服。其中,《导论》部分特别值得注意,它已经在韩国单独翻译出版。这些跟过去的研究方式很不同的方法,以及对思想史根本问题的重新省察是令人激动的。能够从思想史的角度上就思想史研究中所面临的实际问题与您进行讨论是一个宝贵的机会,我们将以您论文或著作中没有提及的问题为中心向您请教。

闵:关于"思想史"(intellectual history)可以如何定义的问题,有许多异见。您认为"思想史"应该如何定义? 您认为,"思想史"区分于历史学的其他领域的理由是什么?

葛:这个问题很难回答。过去,一种是把思想史看成是"观念"的历史，比如Arthur Lovejoy的《存在的大链条》，有人也把它看做"思想"的历史，比如像Franklin L Baumer的《近代欧洲思想》(Modern European Thought)用五个关键性观念，即上帝、自然、人、社会、历史，来叙述欧洲思想的变化，就是Being和Becoming，做得很好；还有一种是把思想史写成大号"哲学史"，在中国过去就有不少这样的著作，这样，中国思想史和中国哲学史的基本脉络就差不多。当然，像侯外庐先生也注重思想史的社会性质分析，有人说它是"社会史和思想史的结合"，但是，他的"社会史"最主要是分析思想的社会性质（什么阶级的、先进还是落后的），而"思想史"又比较围绕它的哲学意味（比如是唯物的还是唯心的）。可是，我总觉得，思想史的意思，比"观念史"要宽得多，比"哲学史"要大得多，应当涵盖（1）作为思想基础的知识与技术（也包括当时普遍认可的常识和预设），比如，我们对世界的知识，是形成对"他者"和"自我"思想认识的基础，对自然的知识，也是我们形成对于物理世界和心理世界的理性认识的基础；（2）理性的或非理性的思想（包括精英思想也包括一般思想），观念史也好，哲学史也好，都太狭窄了，他们完全不考虑民众的常识世界，也不涉及历史上看起来并不高明的思想；（3）也包括宗教、精神和信仰，这里说的并不只是过去宗教史、哲学史常常讨论的宗教领袖或者宗教学者的思想，而且应当包括普通信仰者的想法。所以，我的两卷本《中国思想史》副标题里面，都有"知识、思想与信仰"这三个词。这也许就是我所理解的"思想史"应当叙述的内容。

闵：因为过去的思想史著作，主要是围绕着精英为主的观念（思想）世界的叙述，所以，有些批评认为它未必真的在生活世界中具有影响力，或者实际上只是并不存在的少数思想。但是您的《中国思想史》不仅记述少数精英的经典和思想，而且对于一般知识、思想与信仰世界也给予了叙述，以便能够克服过去思想史的限制。尤其是，除了少数思想的天才以外，您也比较关注中层思想家。不过，我认为，从另一方面看，尽管可以批评少数精英的观念世界对现实影响力不是那么大,但是如果一种思想最终能给世界以实际的影响,那么,应该存在有意识地建构并供给这种思想系统的主体。因此,我认为思想史的主轴还是系统思想。在这样的系统思想(高级思想)传播和接受的过程中,也会有很多同主体意图完全不同的展开。有时候由大众转播(大众之间既广泛又不系统地传出去)的思维形态,最终也影响到精英的思想系统,对于这样的多层关系您是如何理解的,如何才能呈现出一个时代的整体历史样貌?

葛:这是我的《中国思想史》出版之后,引起最多争论的一个问题。为什么我特别强调要讨论"一般知识、思想与信仰世界"呢?其实,我并不反对思想史讨论精英的和系统的思想,但是我觉得,过去对这方面的讨论已经够多的了,但对"一般知识、思想与信仰世界"讨论得不多,可是,这就造成了思想史的局限。为什么?第一,一般知识、思想与信仰,是精英思想的基础,精英们生活在普通民众之中,无论是统治民众还是引导民众,他的问题肯定来自他每天要面对的这个生活世界,他们要回应和解答民众的日常的问题,这就是刺激精英们思考的来源。你不讨论这种土壤和来源,也不一定讲得清楚精英的和系统的思想呀;第二,精英或者天才们的思考,也许有时候过于超越,过于前卫,并不一定会很快直接影响和支配社会生活,所以,真正在社会生活里面发生作用的"思想",我强调,它常常是经过"制度化"(经过国家制度的规定和推行)、"常识化"(经由各种渠道的教育和影响而形成)、"通俗化"(通过礼仪、风俗、文艺,口耳相传并且成为伦理道德的传统),是磨掉了过于超越、过于高深部分的"妥协性思想";第三,形成、传播和贯彻这些看上去不那么深刻的"妥协性思想"的人,并不一定是那些天才或精英,可能主要是一般知识人(乡绅、塾师、艺人、巫者等),这批人过去往往进入不了思想史,可是思想史应当遗忘这些人吗?我们的思想史为什么不能关注这一批真正影响社会生活的"中间阶层",为什么可以"不食人间烟火",抽离出历史、时代和生活呢?

闵：中国与东亚的前近代思想史专业学者所面临的现实问题是，除非懂传统的学术系统，否则很难研究思想史。对于一般学者来说，时间与精力有所制约，在现代的学术系统下，正确了解与处理传统的学术系统之后，再从现代学术系统的视野来进行分析或说明很难达到。比如您强调，为了正确了解东亚思想史，在传统的学术系统中对经学的了解是必须的，我也同意这一点。不过，学者们仅仅为熟练传统经学花费了很长时间，而这些努力却在现代学界与大学不容易产生研究成果。相应的是，尽管传统学术系统的继承人熟悉经典与经学，不过从现代学术的框架来进行分析或用现在学界的问题意识与语言来进行沟通的研究，也十分有限。您有没有将传统与现代知识世界联系起来的总体研究方案？

葛：现代学术研究，也就是现代学科分类，确实对理解古代传统形成一定的障碍，这就是容易把古代知识原本的系统分割开，使得它原来的整体面貌看不清了。所以，我还是提倡要先回到古代语境中，去看看古代知识、思想和信仰世界。就像您所说的经学，作为古代政治意识形态的权威来源，作为古代社会知识和自然知识最基本的文献，作为古代制度的合法性神圣性依据，它有一套经典内容互相支持的整体结构（贯通五经），也有一套传统的解读方式（小学、注与疏），还有一套经由教育和考试传递的渠道（科举）。对于古代中国的儒家经典，你不能简单地用哲学来解释《周易》，也不能简单地用文学来解释《诗经》，也不能简单地用历史学来解释《春秋》。所以，我一直说，对于古代知识、思想和信仰，要像陈寅恪说的，有一种"同情的了解"，或者像Robin Collingwood说的那样，必须回到历史里面去想象它。这样，你才能真正地理解"那个时代"。同样，现在考古发现最多的日书（择日之术），对于古代影响很广的堪舆（风水），对于古代一直有关生命和健康的巫医（中医），你也不能简单地用现代科学观念，说它们就是"迷信"，还是要回到那个时代的语境中来看它。

要懂得这些复杂而古老的知识、思想和信仰，确实要费很大的力气。这里包括两方面,一方面是传统知识的学习,我在读大学的时候,花了很多力气学习文字、音韵、训诂、目录、版本和校勘,也用了很长时间去阅读文献,考证历史,特别是阅读前四史、《四库全书总目》以及各代文集;另一方面是理解和分析这些古代思想的现代理论与现代方法,从一九八〇年代起,我也学习了很多来自西方的论著,包括法国年鉴学派的著作、M.Foucault有关权力与话语的著作、E.Said有关东方主义的著作,也包括一些后现代后殖民理论的著作,当然,也包括欧美、日本的中国学研究著作,你看我2005年出版的《思想史研究课堂讲录》和2012年出版的《思想史研究课堂讲录·续编》就可以明白。当然,我学习得好不好,是不是真的理解,还很难说。也许我们这一代学者,进入学术界太晚了,年龄太大了,两方面的学术训练都不够,传统知识方面不够扎实深厚,现代理论方面可能是生吞活剥。所以,您说的把传统和现代知识连接起来,这个伟大的理想,还要看后面的一代学者。

闵:思想史本来就需要跨学科的研究,最近您的研究是超越国别史范围,除了跨学科方面以外,还要广泛地涉及诸多领域。您对跨学科研究怎么看,实际上,为了做扩大研究的领域,需要研究者之间的合作,您对合作研究有什么看法?

葛:您可以看到,因为我对思想史有自己的理解,主张扩大思想史的范围,也主张把思想放回政治、社会和生活的历史语境中去讨论,所以,我不太会把自己限制在一个狭窄领域里,总是希望思想史和社会史、知识史、教育史,甚至科技史等互相沟通。我觉得,"跨学科"当然很重要,但它不是口号,而是实践。往往在你进行具体历史研究的时候,你会不自觉地走出原来的领域,进入其他领域。所以,我觉得所谓"跨学科",第一,是根据研究课题自然而然地走出狭窄的学科边界,第二,是研究过程中自然而然地运用其他领域的方法来解决问题,第三,是接受其他领域典范、模型和理论的启发,发现新的问题。而不是先喊出一个"跨学科"的口号，预设一个"跨学科"的目标。

近来我特别赞成合作研究，特别是不同国家之间的合作研究。我们在推动"从周边看中国"这个研究课题的时候，需要把"中国"研究和日本、韩国、越南、印度、蒙古等国家的研究结合起来，可是，没有一个学者可以精通各国语文、各国历史和各国文献，所以，我们当然希望合作，更广泛的合作。

闵：您使用史料时所显现出来的广博知识与丰富的史料范围令人佩服，您总是主张用新史料研究，最近，您关注中国周边国家（地域）的记录、旅游记与地图等，除此以外，如果有您注重的新史料，请您讲述一下，您关注哪些史料，为何注重那些史料。

葛：扩大史料的边界，是历史学进步的最主要的推动力，二十世纪中国学术的发展，离不开资料的新发现，以前王国维、胡适、陈寅恪、陈垣都讲过类似的看法，傅斯年当年就讲，史学就是史料学，要"上穷碧落下黄泉，动手动脚找东西"，虽然这话说得有一点极端，但是，新史料的发现推动历史学的进步是一定的，近来中国学界在出土简帛、石刻碑铭方面有很大进展，就推动了对古代、中古的研究。我是学文献专业出身的，当然也关注新资料和新发现，更注意对文献资料的新解释。

最近这些年，我当然最关心的是一九三八年胡适就注意到的"保存在日本、韩国的有关中国的新史料"，这十年来做了很多这方面的努力。此外，最近我给博士生开设"东亚史研究的方法"课程，讨论古代如何超越国境，使东亚连接成为一个历史世界，就强调外交、战争、贸易和宗教传播的重要性，所以特别注意到使节、僧侣、商人所记载的有关另一个国家的各种文献，这些文献有的已经被使用，有的还没有被关注，有些看上去与本国历史的研究无关，但是仔细分析和解释，也许会发现新意。比如朝鲜通信使文献，看上去是朝鲜与日本之间的往来文献，但是我也看出它时时刻刻与明清中国相关，也可以用在中国史的研究上；另外，这两年我给大学生开"古代中国艺术的文化史"课程，就通过古代图像讲观念史，比如通过历代的"职贡图"讨论天下帝国与四裔，通过"蛮夷图"讨论帝国内部族群的整合和认同，也就是通过图像来说话，所以我在一次演讲中提到，"让图像作为文献"。

3."中国"

闵：最近您从新的角度来重新研究我们以前视为当然的对象即"中国"，在您的著作里，"中国"是疆域或种族不断变迁、不固定的实体，不过，尽管在政治上有不同的王朝变迁，可是在文化上仍然有着坚实稳固的认同，所以可以说，这些文化都认同"中国"。尽管不能简单地说，不过我们还是想知道您对"中国"的"文化认同"有何看法？

又，您认为十七世纪以前存在着以汉、唐、宋模式为基础的中国文化模式，也就是现在称为"东亚"的区域具有一体感，似乎存在一个文化共同体，不过，17世纪以后这样的一体感却在断裂之后分道扬镳了。因此，您主张中、韩、日的观念世界中，并不存在"东亚"或"中华"这样的概念。不过，我认为十七世纪以后韩国与日本不是否定"中华"观念本身，而是不承认满族支配的清朝代表"中华"。令人疑惑的是，这就不是不承认普遍的"中华"文化观念，而是不承认现存的"政治的实体"。您认为十七世纪以后在东亚、中国对"中华"观念的认识，有没有根本变化？

葛：我之所以强调十七世纪中叶，汉唐以来逐渐形成的东亚文化认同逐渐崩溃，其实目的是针对中国国内一种不自觉的观念，就是始终把东亚文化看成是汉唐时代奠定的"中华文化圈""汉字文化圈"或"儒家文化圈"。其实，自从元朝刺激了日本、朝鲜和中国独立的文化意识之后，各国都出现了"自我中心主义"。正如内藤湖南说的，元寇事件之后，日本就萌生了文化独立的意识，开始发掘和重建"神道"，开始塑造"神国"意识；即使是引入中国的朱子之学，也正如丸山真男所说，从朱子学，到古学，再到国学，其实就是一个不断蜕皮重生，使得日本文化、思想和学术逐渐摆脱中国而独立的过程；朝鲜虽然表面看上去和中国一样，崇尚来自中国的朱子之学，但是，朝鲜对朱子之学既有自己的发挥和创造，又有把它推到绝对化真理的趋向，贯彻和尊奉，比中国还极端，因此形成正统的意识和自负的心理。你看李朝出使中国的各种记录，就可以知道。所以，这也是一种"文化比赛"。所以在比赛里面，日本、朝鲜和中国都觉得自己是"中华"，别人是"蛮夷"，本身就已经以国家为立场划开了彼此界限，并不是汉唐时代形成的单向的、对中国文化的认同了。

当然，十七世纪中叶明清易代，正如日本人说的"华夷变态"，正好给了朝鲜、日本一个借题发挥的契机。这就是，一方面把文化和种族联系起来，说中国已经沦为"蛮夷"，虽然政治上还是天朝上国，但是因为是满人统治，所以文明已经变成野蛮，一方面又把政治承认、贸易交流和文化认同互相区分开来，尽管李氏朝鲜还承认朝贡体系，承认你清朝是宗主国大皇帝，日本锁国时代还是要开放长崎，和中国通商，但是，在文化上都开始批评中国。应该说，十七世纪中叶就是这样一个契机，中国内部王朝的变化，引起了外部文化认同的根本变化，这一点在韩国保存的燕行录、通信使录，日本保存的唐船资料、唐通事会所日录等文献中，可以看得很清楚。

闵：在某种层面上，您对"中国"的看法好像是跟"美国例外论"（American exceptionalism）类似的"中国例外论"（Chinese exceptionalism）。在民族-国家形成与膨胀过程中，因为中国历史的轨迹颇为特殊，用西方的理论与框架不能完全说明，我也同意您的这一看法。不过按照您的思路，领土或疆域、中华民族多元一体的格局与现在中华人民共和国的现实情况，都好像归结于现在中华人民共和国对自我的认同与正当性的逻辑。有的批评"美国例外论"的危险性在"中国例外论"的逻辑中会再次展开，您对这批评有什么看法？也想听听为克服这样的危险性应该拥有怎样的视角。

葛：其实，您也许没有注意到，我并不赞成"中国例外论"或者"特殊论"，恰恰相反，我是想指出，中国应当怎样从自己的特殊历史中走出来，建设现代国民国家，融入到现代国际共同的规则和秩序之中。我同意，从传统帝国到现代国家，现代中国还是要像Joseph Levenson说的那样"从天下到万国"，或者像徐中约说的那样，要从"朝贡体系"到"条约体系"，只有这样，才能完成中国国家形态的"现代转型"。但是，历史已经过去，不能凭逻辑想象，你也看到中国的国家转型相当艰难，它有历史遗留下来的帝国传统，也有现实刺激下的民族自尊，因而从晚清到民国，一方面是"从天下到万国"（成为现代国民国家），但一方面又"纳四裔入中华"（保存大一统的帝国）；一方面在国际压力下，要建立现代国家制度，一方面在外敌环伺之下，又要捍卫传统疆域、族群和国家。所以，正像我在《宅兹中国》里面说的，中国是在传统的"天下帝国"意识中，有着有限"国家"的观念，在有限的"国家"认知中，又保存了"天下帝国"的想象。中国的现代国家是从传统天下帝国中蜕变出来的，但是现代国家却依然残存着传统天下帝国意识。为什么现代中国会是传统帝国和现代国家混合在一起的特别形态？这就必须从秦汉以来中国特别的历史说起了。我写《宅兹中国》《何为中国》《历史中国的内与外》三本书来讨论"中国"，实际上目的就是要通过历史，说明这种非常特别的国家形态与国家意识，是怎样从历史延续下来的，它在族群、疆域、文化上的复杂性，怎样造成了传统向近代转型的困难。

这是"中国特殊论"吗？如果说"中国特殊"，只是说"中国"的历史很特殊，说明中国这种历史的特殊性，并不是同意现在的中国，特殊到不必遵循现代国际准则和现代世界秩序。你如果看看我最近出版的《历史中国的内与外》，看看我前年写的《对"天下"的想象》一文，就知我对"中国特殊论"和"天下主义"的批评了。

闵：最近历史学界比较注重全球视野的历史研究，超越国别史的视野是历史研究的大潮流，不过您还是强调国别史视野历史研究也仍然必要。

我想知道您对于比国家小的区域单位、中国、亚洲、超越国别史的区域以及全球史（世界）这样不同的单位为对象的历史研究怎么看，他们之间的关系应该如何处理研究？

葛：我完全赞同超越国境的全球史、区域史的研究，我自己也在试图做一点区域史比如东亚史的研究。但是，同时我又非常担心在滚滚而来的全球史和区域史潮流中，历史学家忽略了"国家"在形塑政治、文化、思想上的重要性。特别是东亚国家，"国家"的力量太大，东亚和欧洲不同，我们可以比较一下。我曾经在一篇论文里面说到，第一，东亚缺乏一个可以超越"国家"和"皇权"的普遍宗教（如基督教），作为东亚内部各国互相沟通与认同的平台或媒介；第二，在日本、朝鲜与中国之间，并无大规模的人口移动、族群迁徙和政权交错，所以国家之间疆界、民族、文化界限大体稳定与清晰，那些影响政治、形塑文化、构成认同的重大历史事件，基本上是由"国家"或"王朝"主导的；第三，十九世纪之前，这一区域缺乏一个超越国家与民族，可以彼此声气相通、联成一体的知识群体（士人），彼此的国家立场相当强烈；第四，虽然在历史上，中国曾经居于宗主国和大皇帝的地位，但实际上，中国对于周边诸国并无全面支配的力量，近世以来，各自在渐渐建立思想传统的主体性（如日本的"国学"、朝鲜的"朱子学"），又在渐渐强化语言的独立性（谚文或假名），更在渐渐构造历史的独立性（神代史、万世一系与檀君传说）。因此，东亚很难简单地成为超越国家的"共同体"。因此，作为历史研究的"单位"，区域史很重要，国别史也是很重要的，特别是在政治史领域。

但是我也要说，我希望把国别史研究，放在更大的背景，比如全球的、东亚的背景下研究。我之所以在复旦大学开设"东亚史研究方法"的课程，之所以推动"亚洲背景下的中国文化史"计划，都是希望国别史能够超越国境，放在更大的语境中。其实，全球史、区域史、国别史，为什么一定非此即彼？强调全球史，或者强调国别史，为什么要互相冲突？同样，比国家小的"地方"史研究，我也并不反对，像美国的宋史研究者就很重视地方，包括您的老师Peter Bol教授，他对婺州的研究就非常精彩。但是，我始终强调古代中国自从秦汉以后，国家对地方的统合能力很强，每一个地方的政治、经济和文化，虽然有它的特别之处，但是仍然受制于整体的国家，无论是行政管理、商品流通、销售市场、宗教网络，它都不可能是孤立于整个全国或其他地方的，所以，应当把"地方"放在"国家"背景下来看，你才知道中国的"地方"与"国家"之间的复杂关系，不能把某个地方"抽离"出来，作为一个孤立的历史单位。比如，近年来很多学者用近代英国和明清江南进行比较，我觉得就有一点儿疑问，为什么？因为这是否会忽略，明清江南作为"中国"的"地方"，它的政治、经济和文化，与作为一个独立国家的英国是不一样的？

闵：最近您出版了《想象异域：读李朝朝鲜汉文燕行文献札记》一书，在"从周边看中国"视角上关注韩国的资料，一边跟韩国学界交往，一边进行独立研究，您认为韩国学界的中国研究有什么特点，与欧美的中国研究有什么区别？不是在"从周边看中国"视角上了解韩国或日本，而是通过了解韩国史、日本史本身来了解中国，这有什么好处？

葛：必须坦率承认，由于我不懂韩文（中国历史学界懂韩文的学者很少，这是一个很严重的问题），我不敢讨论韩国的中国研究。但是，近年来我们一直在收集和整理朝鲜时代的燕行使文献和通信使文献，深切地感到应当多了解韩国学术界，正如燕行使文献和通信使文献提供了看中国的"异域之眼"一样，我觉得如果了解韩国学术界，用韩国学者的立场和眼光来看中国，肯定能让我们看到我们未必注意到的中国历史与文化的现象。

其实，除了韩国的中国学家之外，我也很希望与韩国历史、韩国思想史、韩国宗教史的学者多多交流。说一点我的经验吧。我曾经在京都大学（1998）和东京大学（2015）担任过客座教授，在日本，除了与日本的中国学家讨论，我也常常和研究日本思想史、日本宗教史甚至日本史的学者交流，从他们那里，也获得很多启发，产生很多共鸣。为什么呢？因为大家都是研究"本国史"的，研究本国史的问题意识、关注重心、叙述方式，都有很一致的地方，就连书写本国历史的时候，所受到的政治意识形态的影响和压力，也往往大同小异。我举一个例子，比如编写历史教科书，怎样通过历史叙述强化本国的国家认同？怎样通过历史叙述捍卫自己国家的尊严？怎样在历史资料的解读上采取对本国最有利的角度？这些都是历史学家会共同面对的政治压力，怎样才能摆脱这些意识形态和国家立场的纠缠？其实，在这一点上大家都会有共同感受，在交流中大家也许可以互相理解。

闵：现在，对全球化的反抗带来极端民族主义的情绪，在全球范围内引起很大的问题，尤其是东亚的民族主义的情绪。历史的政治化好像引发了历史战争的现象，这一情况在东亚地区相当严峻，对此您有什么看法？您认为作为历史学者如何回应这些现象。

葛：历史学家应当是清除民族主义狭隘偏见的重要一环。因为历史学家才会告诉你，如果回到历史里面看，国家的疆域是不断移动的，族群也是常常变动和融合的，国族认同有时候是一种群体的情绪，有时候是一种想象，就像Harold Isaacs那本书前面，白鲁恂（Lucian Pye）说的那样，"认同有时候能建立一个族群，有时候也能撕裂一个族群"，只有回到历史里面去，你才会知道固执的国族主义立场是怎样产生的。在这个认识基础上，我们才能够真正成为一个"世界公民"。因此，历史学的责任很大，好的历史学家和坏的历史学家，在这方面的作用完全不同，套用白鲁恂（Lucian Pye）的话说，"历史学家有时能够瓦解褊狭的国族主义，历史学家有时也能刺激出褊狭的国族主义"。

最近我一直说，历史学家是诊断病源的医生，当然他不是动手术开药方的医生。但是，如果能够告诉人们，褊狭的国族主义和狂妄的天下主义是怎样来的，也可以作为一剂让人清醒的药。所以我可以坦率地告诉您，我之所以在这些年讨论"中国"，讨论中国的"内"和"外"，涉及疆域、族群、宗教、国家和认同等问题，其实就是为了针对四个问题：第一，现在的"中国"是一个传统帝国还是一个现代国家？或者是一个混融了传统帝国与现代国家的特殊国家，还是一个伪装成国家的文明体？第二，这个"中国"是应当成为现代国家融入现代国际秩序，还是另起炉灶回归帝国时代，通过"天下"想象重建"新朝贡体制"？第三，历史上的"中国"，其疆域是如何变化和成型的？应当按照现代中国领土来回溯历史，还是应当根据历史中国疆域来书写历史？为什么中国与周边国家总是有领土、领海的问题？第四，历史上认同"中国"的族群与现在包含在"中国"中的各个民族，是怎样被整合在一起的？它们可以被看作是一个"中华民族"吗？如果是一个，那么它会被中国境内所有族群接受和认同吗？

您可以看到，这就是当下重新讨论"中国"的意义。

图书在版编目（CIP）数据

到后台看历史卸妆 / 葛兆光著. —— 成都：四川人民出版社, 2021.11（2022.7重印）
ISBN 978-7-220-12461-7

Ⅰ.①到… Ⅱ.①葛… Ⅲ.①社会科学－文集 Ⅳ.①C53

中国版本图书馆CIP数据核字（2021）第215344号

DAO HOUTAI KAN LISHI XIEZHUANG
到后台看历史卸妆

葛兆光　著

出版人	黄立新
特约编辑	刘盟赟
项目统筹	封　龙
责任编辑	封　龙　冯　珺
装帧设计	木　木
内文排版	吴　磊
责任印制	周　奇
出版发行	四川人民出版社（成都市槐树街2号）
网　址	http://www.scpph.com
E-mail	scrmcbs@sina.com
新浪微博	@四川人民出版社
微信公众号	四川人民出版社
发行部业务电话	（028）86259624　86259453
防盗版举报电话	（028）86259624
印　刷	成都东江印务有限公司
成品尺寸	140mm×210mm
印　张	8.25
字　数	362千
版　次	2021年11月第1版
印　次	2022年7月第3次印刷
书　号	ISBN 978-7-220-12461-7
定　价	68.00元

图书策划：■ 活字文化

■版权所有·侵权必究
本书若出现印装质量问题，请与我社发行部联系调换
电话：（028）86259453